政大超人氣教授帶你從韓劇看
韓國社會、政治、外交與兩韓關係

上一堂最好玩的韓國學

蔡增家 著

目次

第二部 從韓劇看韓國政治

第三部 從韓劇看韓國外交

第四部

從韓劇看兩韓關係

〈作者序〉

看韓國，別戴有色眼鏡

韓國，對台灣來說是一個讓人又愛又恨的國家。

台灣人喜歡看韓劇，但卻不喜歡韓國；台灣人瘋狂追逐韓星，但卻不喜歡韓國人。這種奇特的心理，除了來自韓國人在運動場上的小動作之外，還有更多來自於妒忌與恐懼，妒忌原本是亞洲四小龍之末的韓國，已經開始超越我們，恐懼台灣在經濟上最大競爭對手的韓國，逐漸攻占我們的市場。

但是無論台灣如何不喜歡韓國，無可諱言地，當韓貨與韓劇已經成爲我們生活的一部分時，我們早已深陷韓國文化當中而無法自拔。

其實，很多人不知道，過去台灣與韓國是兄弟之邦，台韓兩國不僅經濟的發展軌跡相似，連政治制度也大同小異。例如台灣與韓國過去都曾經歷軍事強人的威權統治，兩國都在一九七一年全力發展經濟，同在一九八七年進行政治民主化，台韓兩國都採取總統制，同時也是世上少有的單一國會國家。

但是台韓這對孿生兄弟雖然外表相似，內在卻大不相同。在意識型態上，台韓兩國的政黨雖然都有自由與保守路線之爭，但是韓國在國家認同上卻有一致的共識，不像台灣陷入統獨之爭；台韓兩國在內部也有地域政治的分歧，但是韓國卻能一致對外，而不似台灣淪爲長期的藍綠對立。

在政治制度上，台韓兩國雖然同樣設總統職位爲國家元首，但是韓國總統卻是五年一任，不得連任，這讓韓國每任總統都能放手進行改革，不像台灣總統常常陷入連任的迷思；另外韓國的總統是採取大總統制，每位總統上台都會在青瓦台成立跨部會的委員會，以推動政經改革，而在台灣卻是偏向半總統制，當國會發生朝小野大的情況時有可能會陷入立法僵局。

這種意識型態的高度共識、朝野一致對外的團結心理，在一九九七年亞洲金融風暴之後，在發展品牌及產業轉型的政策下，讓韓國經濟開始脫胎換骨。反觀，當時暗自竊喜的台灣，卻開始陷入經濟衰退的二十年，至今仍然無法自拔，如今韓國早已跳脫亞洲四小龍，成爲與日本平起平坐的經濟大國，而台灣卻仍在亞洲四小龍的迷思當中沉浮。

台韓相同的制度、相同的發展軌跡，卻產生截然不同的經濟結果，這讓我們是否開始要靜下來沉思，韓國是如何做到的？在表面制度的運作下，有哪些深層的文化意涵呢？而爲何韓國能？而台灣爲何不能？我想韓劇應該就是最好的視角與借鏡。

因爲韓劇不只是韓國文化的表徵，同時也是韓國政經的縮影，更是韓流襲捲亞洲的代表。在韓劇裡，從愛情故事當中隨處可見韓國成長的脈動，從歷史劇情當中俯拾皆是韓國人自信的心理，從人物的描述當中更處處可以看見韓國的大國夢。

本書從政治、社會、外交及兩韓關係等四個面向，試圖全面性地剖析韓國，從我多年與韓國人互動的實例，以及從大家耳熟能詳的韓劇當中來印證、回應對韓國的觀察。我們要看到的是在華麗外表下韓國的眞實面貌，以及在處處追求第一的大國夢下韓國的實際樣貌。對韓國人勇於突破的心理，我們必須虛心學習，對於韓國浮誇的假面，我們更是哀矜勿喜。

不論您喜不喜歡韓國，韓流帶來的影響早已如影隨形，不管您喜不喜歡韓國人，韓貨已經是隨處可見。知己知彼，百戰百勝，我們何不摘下有色眼鏡，拋棄民族的成見，放下妒忌的心理，跟隨本書從韓劇來細細體會韓國，也許各位將會認為：其實韓國泡菜，並不如想像中的嗆辣。

第一部

從韓劇看韓國社會

＊01＊泡菜抗MERS

在MERS流行期間，許多疑似感染的患者，他們不但不請假，還照常上班，公司也覺得無所謂，同時他們在公共場合也不願戴上口罩，因爲在韓國文化中，在社交場合戴口罩是一種不禮貌的行爲……

二〇一五年五月，韓國爆發大規模的MERS（中東呼吸症候群冠狀病毒感染症）傳染病，造成全球性的恐慌，深怕過去SARS（嚴重急性呼吸道症候群）大流行的夢魘將再度發生。遙想十二年前，當SARS在中國大陸、香港及台灣大流行時，韓國不但倖免於難，還能全身而退。當時，韓國人還驕傲地說因爲韓國人愛吃泡菜所以抵抗力強，練就百毒不侵之身。而這次自詡百病不生的韓國人卻破功了。

這次韓國爆發的MERS病毒是外來性的，政府只要在傳入初期能夠多加警覺，其實是可以避免的，但是在政府的漠視（當成流行性感冒），人民的我行我素下（不願戴口罩），還嘲諷外國媒體的小題大作，最後竟然演變成全韓有近兩萬人被強制隔離，出現一百八十六個確診病例，三十三人死亡，致死率高達一八％的MERS大流行，甚至在流行期間，一位發病者還不顧勸導，硬要出國旅遊，造成同機者的極度恐慌。韓國人在面對如此重大疫情卻似乎不當一回事的淡然，真是令全世界都驚呆了。

若從源頭來看，這次MERS

韓國民衆搶購泡菜防MERS

在韓國大流行，是由一位六十八歲的韓國商人開始的，他在二〇一五年五月初到阿拉伯聯合大公國出差，回國之後開始出現發燒、咳嗽症狀，他初期以為只是感冒，便到住家附近一間診所看病拿藥，但卻一直沒有好轉，醫師也檢查不出病因，於是建議他轉到首爾附近的平澤聖母醫院，當時這位病人出門不但沒有戴口罩，還照常上班訪友，四處趴趴走。

而到聖母醫院的時候，這位病人已經出現呼吸困難的典型MERS症狀，由於病人並未告知醫生曾到過中東，讓醫師一直把該病人當成只是普通的肺炎，不但沒有將他隔離，還讓他在醫院四處走動。由於病情一直沒有好轉，只好將他轉到全韓國最大、設備最好的醫院——三星首爾醫院就診，這時醫師才懷疑他患有MERS，立刻將他進行強制隔離，但是距離他發病已經過了九天，MERS的病毒早已藉由這位病人的接觸網絡，在韓國各地傳開了。

科技先進，觀念迷信

其實，當首例MERS病例發生之後，韓國政府應該立即啓動緊急防疫機制，對這位病人相關接觸路徑的所有人員進行隔離，並對這名首例病患待過的所有醫院，進行全院的封院隔離，以防止疫情進一步擴大，可是韓國官員當時卻沒有提高警覺，任由MERS病患到醫院就診，使得平澤聖母醫院、三星首爾醫院，竟成爲韓國疫情傳播最嚴重的地方，而平澤聖母醫院甚至被外國媒體戲稱爲韓版的「和平醫院」。

其次，韓國人迷信大醫院、崇尚名醫的傳統心態，也加快MERS病毒的快速傳播，韓國人和台灣人一樣，不論大病小病都要上大醫院求診，就算明知大醫院床位有限的情況下，他們也不願離去，會一直在急診室等待直到有病床爲止，這讓韓國大醫院的急診室永遠是人滿爲患；另一方面，韓國人爲了要能夠順利轉入大醫院就診，他們也會動用各種人脈關係，搬出大人物給醫院施加壓力，在韓國，爲親朋好友在首爾大醫院找到病床，常常是檢視一個人社交能力的重要標準。

另外，在日本或是歐美先進國家，爲了避免醫院病毒擴大感染，他們習慣將病人交由專業醫護人員照護，有必要時才會到醫院探視家人。但是在韓國，在重視家族情誼的傳統文化下，若由外人來照護親人，將會被視爲大逆不孝，所以韓國人仍習慣和患者在醫院共處一室，並由家人來承擔大部分的照護工作，這使得擁擠、人滿爲患的急診室，成爲散播MERS病菌的最佳溫床。

從韓國人的看病文化及探病習俗，以台灣人的角度來看，竟是如此的似曾相識，難怪過去韓國與台灣互稱「兄弟之邦」。

而這次韓國MERS的大流行，除了醫院的管理出現漏洞之外，韓國人的輕忽、漫不經心也是重要的因素之一。也許是韓國人從未經歷過SARS的風暴，在這次MERS流行期間，一位曾經接觸MERS病患，而被政府要求在家隔離的韓國大媽，因爲覺得長期待在家裡很悶、很無聊，竟然在沒有通報檢疫人員的情況下，私自與家人去高爾夫球場散心，等到她被防疫人員找到，早已經在外晃了一整天，而她在出門期間，不但沒有戴上口罩，還和周邊的親朋好友有說有笑，這位大媽的行逕實在讓人瞠目結舌，最後幸好她的檢驗結果是陰性，否則不知又要把病毒傳給多少人。

另外不得不提的，就是韓國民眾對於MERS的極度無感。例如，在MERS流行期間，許多疑似感染的患者，他們不但不請假，還照常上班，公司也覺得無所謂，同時他們在公共場合也不願戴上口罩，因爲在韓國文化中，在社交場合戴口罩是一種不禮貌的行爲，也會讓他人心生恐懼。

而韓國人對於MERS的輕忽，有兩項主要因素，首先是韓國媒體不報導MERS消息，韓國媒體認爲之所以不報導MERS新聞，主要是避免引起韓國民眾不必要的恐慌。

另外，韓國媒體也不願意公布感染MERS醫院的名稱，它們害怕可能引起醫院周圍社區的恐慌，同時也怕在公布名單之後，這些醫院門診病人的數量會大幅下降。但是韓國媒體這種粉飾太平的做法，卻讓韓國民眾誤以爲MERS疫情並不嚴重，還到已經感染MERS的醫院看診。

其次，就是韓國政府訊息的不透明，在MERS疫情流行期間，韓國政府以ABCDEF等符號來代表受感染的六家醫院，結果網路上就開始傳出臆測的名單，結果謠傳感染的醫院從八家增加到十幾家，各種傳言滿天飛，最後在廣大民意聲浪要求下，韓國政府才公布感染的醫院名單。有人認爲韓國政府遲遲不願意公開感染醫院名單，主要是爲了保護大型醫院的商業利益，但此舉卻損害了所有民眾的健康。

韓國是世界科技最進步的國家之一，也是上網人口比例相當高的國家，幾乎人手一支智慧型手機，但是在面對MERS這種世紀感染病時，卻顯得手足無措。

再把視角轉到東南亞的泰國，泰國也在二〇一五年六月二十九日發現一位來自阿曼的旅客疑似感染MERS病毒，泰國政府立刻將這位旅客進行隔離治療，也將他的三位家屬及同機所有三百名旅客進行隔離監控，同時也將這位病患入境後所接觸的五十九人進行在家自主隔離，他們包括醫療人員、旅館員工，及兩名計程車司機，在泰國政府有效率的監控下，MERS疫情並未持續擴大，反而在十四天之後宣布解除。

在這次MERS疫情當中，泰國政府的小心謹慎與韓國政府的傲慢自大，形成鮮明對比，而韓國也因爲這次MERS疫情的擴大，估計所有損失約四十億美元，也讓二〇一五年的經濟成長率跌破了三％。韓國的輕忽、固執與任性，所付出的代價也實在太大了。

《病毒》，呈現掌權者的任性與自私

韓國OCN電視台在二〇一三年曾經播出一部名爲《病毒》的韓劇，劇情敘述二〇一三年，韓國出現一種感染到死亡僅需短短三天的致命狂犬病毒，引起韓國人民極大的恐慌，而韓國政府也對這種傳染病束手無策。這時，有個名爲「特殊傳染病對策小組」的組織成立，針對這起傳染事件進行調查追蹤，最後發現病毒的起源，竟然來自一個政府底下的神祕組織，該組織以國民爲試驗對象測試狂犬病毒，結果不愼造成狂犬病毒的擴散。於是，富有正義感的特殊傳染病對策小組成員，便與邪惡的神祕組織展開全面性的對抗。

《病毒》這部戲，是由李明淑編劇，崔榮秀執導，由韓星嚴基俊、李昭正及安奭奐主演，這部戲的主角李明賢（嚴基俊飾），是韓國「特殊傳染病對策小組」的班長，因爲自己的愛女在兩年前罹患怪異的傳染病而不幸過世，讓他全心全意投入特殊傳染病的防治工作。對他來說，罹患傳染病就等同死亡，因此他無時無刻不保持緊張的戒備狀態。

這部戲的女主角全智媛（李昭正飾），是「特殊傳染病對策小組」成員，她在大學期間專攻傳染病學，但是在兩年前爆發一場狂掃韓國全境的可怕傳染病，成爲她心中的最大陰影，而當二〇一三年狂犬病毒疫情發作之後，她志願加入李明賢所主導的「特殊傳染病對策小組」，全智媛的理性與李明賢的感性，是本部戲的最佳互補，而本部戲的反派角色，則是韓國總統的祕書長金道進（安奭奐飾），他是一位冷酷無情，又有高度權力欲望的政治家，當傳染病在韓國肆虐時，他爲了守護政權，完全不顧千萬人民的痛苦與哀嚎，他堅信只有活下來的人，才有資格被後人紀念。

我記得在這部戲當中，金道進曾經指著李明賢的鼻子說：「你有想過嗎？一個未經確認的事實，如果被公開的話，會對輿論及人民的恐慌產生多大的影響嗎？」在劇中，韓國政府以造成人民恐慌爲理由，不斷掩飾，不停粉飾太平，這和此次

MERS風暴當中，韓國政府隱藏眞相的手法，簡直如出一轍。看來，韓國政府面對災難時的態度，是不分現實與戲劇的。

＊02＊小企業，大老闆

在追求「數大就是美」的文化下，讓韓國政府善於以美化數據，來包裝成強國的外表，也讓整體的經濟發展顯得有些虛有其表。

我有一位韓國朋友，他是一家中小企業的老闆，但是名片上卻印著集團總裁，每次出門都大陣仗地前後兩台車護衛，也有多名隨扈隨侍在旁。我問他爲何要花大錢請那麼多人呢？他說，在韓國這個極度重視頭銜及外表的社會，這樣有利於讓他打進名流圈，也有利於他事業的開拓。

最近韓國成衣在台灣相當流行，不但有設計感、顏色前衛，價格也相當親民，但是仔細一看，卻也不如日本製的細緻精巧，不過這倒也頗對時下年輕人的口味，對他們來說，外觀華麗的快時尚遠大於舒適耐用。

正因韓國產品擁有如名牌般華麗的外表，同時價格卻只有其三分之一不到的低廉，讓韓國貨相當容易打進國際市場，難怪近幾年韓國產品大量進入發展中國家，但這種好看卻不耐用的特性，也讓台灣吃足苦頭。

每位搭乘台鐵電聯車通勤的上班族，一定都有車輛故障而被卡在途中的經驗。之前就有一列行駛台北桃園區間的電聯車，因爲車輛的軸承過熱，發生燒軸冒煙而出軌，將近九千名旅客的行程因此受到影響。而這種E500型電聯車，便是由韓國大宇重工所製造的，根據台鐵統計，在目前所有的列車當中，E500型電聯車（大宇重工）及推

E500型電聯車

拉式自強號（現代重工）都是由韓國廠商製造，而其平均故障率竟然高達二分之一，光是二〇一四年上半年，推拉式自強號的故障件數便有一百四十八件，讓台鐵疲於奔命地維修。

爲了改善韓國製電聯車故障率過高的情形，政府便大幅進行汰舊換新計畫，希望以公開招標的方式引進性能更好的電聯車，但是招標的結果卻還是由韓國的現代重工得標，其得標的價格爲兩億九千萬元，硬是比底價便宜了一億三千萬元，台鐵明知韓國製車輛故障問題特別多，卻受限於世界貿易組織（ＷＴＯ）無歧視的規範，無法限制韓國廠商的低價搶標。台鐵方面還眞是啞巴吃黃連，有苦說不出啊。

韓國經濟，有如一張過度整型的臉

二〇一〇年六月二十八日，一架載有三百名乘客的新加坡航空，抵達台灣並停在桃園國際機場的空橋上，當所有乘客正準備下機時，這座空橋卻突然應聲倒塌，雖然沒有造成任何傷亡，卻讓所有旅客飽受虛驚，之後根據相關單位的調查發現，這座造價高達一千萬元的空橋，也是來自韓國的廠商，由現代集團旗下的羅特公司所製造。

在桃園機場的四十五座空橋當中，便有二十座空橋是由羅特公司所承製，當時我國政府曾經要求這家韓國廠商派遣技師來台，對所有承包空橋進行檢修，而在經過檢修之後，這家韓國廠商曾經拍胸脯保證，所有的空橋絕對沒有異樣。

結果兩年後蘇拉颱風來襲，卻把幾座韓國製空橋瞬間吹翻，但是令人疑惑的是，其他美國及英國製的空橋卻都不動如山、完好無缺。在調查之後發現，韓國製空橋只能承受三十七英哩的風力，承受力遠遠不如英美製空橋可以承受七十四英哩的風力標準。因此，只要一旦風力超過三十七英哩，所有韓製空橋不但禁止使用，還得綁住固定。由此可見，不論在質量與耐用度上，韓國產品都遠不如歐美及日本製產品。

韓國自詡爲工業大國，也把重化工業當成是國力象徵，因此，韓國不但擁有全球最大的浦項鋼鐵廠，也有世界最大的蔚山汽車製造廠，更有全世界生產最多船隻的現代造船廠，而在全球十大造船廠當中，韓國廠商就占了六位，但是很可惜的是，從過去以來韓國總是追求量的最大化，卻輕忽思考質的提升，因此造成現今單以「量」來看，韓國應該是舉世的製造業大國，但以「質」來看韓國產品卻常被視爲廉價品。

在這種大而不當的情況下，使得韓國政府常常要以貨幣貶值方式，藉由低價來爲產品開拓市場，而韓國企業也習慣以低價搶標，來追求量的最大化，以達到美化業績數字的目的。也因爲價格低廉，在成本的考量下自然要在品質上大打折扣，讓韓國產品陷入低價、不良率高的惡性循環。

而韓國產品的質量不佳，除了追求外觀至上之外，最主要當然就是韓國重工業的發展時間過於短暫，工業基礎過於薄弱，韓國從一九七一年才開始推展重化工業，在此之前，韓國都是以農業及輕工業爲主，幾乎沒有任何重工業基礎，而任何一項重工業的發展，都是需要時間及技術的積累，才能夠日漸成熟，例如日本重工業起源於一八九〇年，日本三井集團成立於一八七六年，至今都已有一百多年的歷史；反觀韓國現代汽車成立於一九六七年，三星電子創立於一九六九年，至今都只有不到五十年的歷史。

而韓國這種大躍進式的重化工業政策，讓韓國的大企業只求在數量上能夠超日趕美，自然就忽視整體品質及技術的提升，所以我們可以發現，韓國大財閥的規模雖然龐大，產業包山包海好像無所不能，但是整體的獲利率卻不高，因爲在這種以擴張爲主體的思考下，讓韓國的大財閥只重視搶奪市占率，而忽視獲利率。

然而，不只韓國的產品強調外表，連韓國政府也相當重視表面工夫，在追求「數大就是美」的文化下，讓韓國政府善於以美化數據，來包裝成強國的外表，也讓整體的經濟發展顯得有些虛有其表。例如，韓國政府曾經大力宣傳，這幾年韓國的海外資源開發數量突飛猛進，已經逐漸超越日本的規模，但是根據韓國知識經濟部的資料，卻發現在二〇一〇年韓國政府所提交的二百七十項海外礦物資源投資項目中，順利完成的只有十七項，中途夭折的則有一百項，申請倒閉的有一百三十項。

《漂亮男人》，只有外表漂亮

也就是這種追求美化數據的文化下，讓戰後韓國的經濟發展常常顯得大起大落，例如韓國在一九八八年舉辦奧運之後，在奧運經濟學的加持下開始進入經濟高度成長期，可是一九九七年卻又在無預警的情況下成爲亞洲金融風暴受創最嚴重的國家之一，韓國在二〇〇〇年進行產業轉型之後，是東亞地區經濟表現最爲亮眼的國家，但是到了二〇〇八年，韓國卻跌破眾人眼鏡，成爲美國次貸危機最大受害國。難怪有經濟學家認爲，韓國的經濟有如一張過度整型的臉，難以看出她的喜怒哀樂。

韓劇《漂亮男人》，其實就是韓國人重視外表、但卻虛有其表的典型代表作品，劇情敘述一位擁有一張國寶級臉蛋的漂亮男人，幾乎所有見到他的女人都會深深對他的外表著迷，而他也善用自己的「男色」來迷倒眾女人。爲了復仇，他藉由相識大韓民國最上層社會的十名女性，以得到他想擁有的一切，過程中，他逐漸體會到成功要素背後的眞正意義並獲得智慧，進而成爲才貌兼具的眞正漂亮男人。

《漂亮男人》這部戲，是由千繼英的同名暢銷漫畫所改編，並由知名演員張根碩、ＩＵ及韓彩英所主演，劇情敘述男主角孤獨馬特（張根碩飾）從小和母親相依爲命，馬特的生父是ＭＧ集團的會長朴基石。馬特長大之後擁有世人所沒有的漂亮臉龐，他在女人面前簡直就是一個無法抗拒的「發光體」，於是他靠著這張俊俏臉龐，遊走在許多女強人之中。

這部戲的女主角有兩位，一位是強勢多金的洪宥拉（韓彩英飾），一位是柔弱專情的金普通（ＩＵ飾），洪宥拉原本是ＭＧ集團的媳婦，她知道馬特生父就是朴基石，而當洪宥拉生下女兒之後就被迫離婚（因爲不是生兒子），她被婆婆羅紅蘭趕出家門，但洪宥拉是位有著深厚母愛的女人，她一心要保護女兒，所以費心尋找恢復她地位的方法，而那個方法，就是聯合朴會長的私生子馬特來對抗羅紅蘭。

金普通則是一位樸實、純眞的女人，她在馬特小時候就開始暗戀他，日後金普通雖然眼睜睜看著馬特周旋在眾多女人當中，但她還是不離不棄地默默守在馬特身邊。

孤獨馬特以俊俏的臉龐來獲得女人的青睞與芳心，這正是韓國人重視外表文化的最佳體現。其實，以貌取人不只是韓國特有的產物，它是人性所無法破除的迷思，只是過度地強調外表，進而模仿、抄襲而導致虛有其表，就不是好現象了。韓國的前例，值得台灣注意。

✴03✴ 凡事追求第一的韓國病

在韓國，追求「第一」不只關乎個人的榮辱、家族的面子，更是攸關大韓民族的榮耀，這也難怪韓國人前仆後繼的追求第一。「第一」彷彿是每位韓國人身上都必須背負的沉重十字架。

也許是來自小國的自卑感作祟，也許是受儒家文化亟欲出人頭地心態的影響，韓國人凡事都要追求「第一」，且時常爲了達到「第一」不計任何代價，不擇任何手段。因爲在韓國的傳統觀念下，「第一」不只能夠得到他人的尊重，同時「第一」還背負著家族的集體期待，是光宗耀祖的榮顯。

換句話說，在韓國，追求第一不只關乎個人的榮辱、家族的面子，更是攸關大韓民族的榮耀，這也難怪韓國人前仆後繼的追求第一。「第一」彷彿是每位韓國人身上都必須背負的沉重十字架。

於是，在這種思維下，對韓國人來說似乎不存在著「第二」，因爲只要不是第一，便是輸家、弱者，更是民族的罪人。

有一位就讀美國頂尖高中的韓裔少女，對外宣稱她同時獲得哈佛及史丹佛兩所美國名校的入學許可，另外，她還接到臉書創辦人祖克柏的電話，鼓勵她就讀哈佛。也有一位哈佛大學學生寫信給她，希望她能夠放棄史丹佛，選擇哈佛。這位韓裔少女的幸運際遇，實在令人稱羨。

更戲劇化的是，當這名少女還在頭痛到底要接受哪一所大學每年各高達兩萬美元的獎學金時，哈佛及史丹佛竟然同意破例，讓她在這兩所大學各讀兩年。這名少女不只是幸運，應該算是百年難得一見的奇才。

這位少女的不俗成就，引起韓國媒體大幅報導，並封她爲「天才少女」，同時也引起韓國人的興奮雀躍，認爲她不只是曠世奇才，還是「韓國之光」！然而令人訝異的是，這一切的過程，竟然都是這名少女所捏造的故事，而杜撰的內容早已超過一般青少年的想像。這名少女之所以精心杜撰這個錄取神話，最主要是她希望讓父母、同儕，及師長對她另眼相看，因爲在她的成長過程當中，她承受太多來自父母希望她能夠出人頭地的壓力。

科學家造假，總統說大話

其實，這並不是韓國首次發生造假事件躍上國際媒體版面。在二〇〇五年，韓國知名生物學家，同時也是首爾大學教授的黃禹錫，宣稱利用幹細胞成功培育出人類史上第一隻複製狗「史納比」，這項研究的突破，被該年度的美國《時代》雜誌譽爲當年最令人讚嘆的發明。

韓國政府在感到無比興奮之餘，也宣布每年將陸續投入二千五百萬美元，時間長達十年，來成立世界級的幹細胞研究中心，並延攬黃禹錫擔任該中心的主持人。同時，韓國郵政局也發行黃禹錫個人郵票，以表彰他的傑出成就。就在韓國舉國歡騰之際，大韓航空更宣布提供黃禹錫夫婦在未來的十年當中，免費搭乘該航空公司的頭等艙。

在成功實現世界首例的複製狗之後，黃禹錫被視爲韓國的民族英雄，也被視爲韓國科技實力的象徵，更被認爲是大韓民族摘下首座科學領域諾貝爾桂冠的最大希望。黃禹錫出身貧困農家，從小便背負著父母希望他能夠出人頭地的期望，因此，黃禹錫傑出的學術成就，便成爲許多韓國莘莘學子爭相學習的榜樣。

只是，這一切也是造假的，韓國首爾大學學術研究倫理委員會於該年（二〇〇五）十二月公布一項調查發現，黃禹錫教授刊登在《科學》雜誌中，複製幹細胞研究論文的相關數據是僞造的。換句話說，他根本沒有培育出任何胚胎的幹細胞，更遑論複製出一隻狗。

在謊言被揭穿之後，黃禹錫隨後便向國民道歉，並宣布辭去首爾大學教授一職，韓國政府也宣布取消黃禹錫「最高科學家」的頭銜，韓國檢察署也就此事進行調查，最後黃禹錫被韓國高等法院以詐欺罪、違反學術倫理罪，判處有期徒刑兩年，緩刑三年。

這個造假事件，讓韓國國民頓時從天堂掉入地獄，久久無法接受，之後憤怒的韓國國民還將十二月二十九日（僞造事件曝光的日子）訂爲韓國的「國恥日」。後來也有電影製作公司，將這件僞造複製狗的眞實事件翻拍成電影，可見「黃禹錫事

曾經被韓國人譽為「最高科學家」的黃禹錫，被揭發偽造多項科學研究成果，包括劃時代的複製狗技術。

件」已經成爲韓國人心中永遠的痛。

其實，在韓國不只是人民爭相追求「第一」，連政府也是。猶記得有CEO總統之稱的李明博，他在二〇〇七年競選韓國總統時，便大膽地提出「韓國七四七遠景」的經濟主張，當時的韓國正陷入房地產崩盤及卡債風暴當中，李明博的這項經濟願景便有如一帖迷幻藥，讓亟欲追求第一的韓國人民如癡如醉，彷彿韓國在五年之內就可以超英趕美，成爲世界級的經濟大國。當然，李明博的民調支持度就因爲這項經濟主張，讓他有如坐上七四七飛機衝上雲霄，高票當選韓國第十七任總統。

何謂「七四七」？第一個「七」，就是韓國每年的經濟成長率要達到七％，其實從二〇〇〇年以來，韓國經濟成長率就從來沒有超過七％了。所謂的「四」，是指在未來十年之內，韓國的人均國民所得（GDP）要達到四萬美元，當時韓國的人均GDP只有一萬九千美元，換句話說韓國人均所得要在十年之內翻兩番。第二個「七」，是韓國要在未來五年之內成爲世界第七大經濟體，當時韓國是全球第十二大經濟體，排在韓國之前的是屬於高經濟成長的金磚四國，例如印度（第十大）、巴西（第九大）、俄羅斯（第八大），韓國想要超印、趕巴、越俄，實屬不可能的任務。

結果在李明博當選總統之後，他的「七四七經濟願景」沒有一項兌現，韓國經濟表現還比之前盧武鉉主政時期差。例如，在李明博執政的五年當中，韓國經濟成長率都在二%～三%之間徘徊，在二〇〇九年甚至還跌到〇．七%；至於在人均GDP方面，到二〇一二年李明博總統卸任時，韓國人均GDP爲二萬三千美元，換言之，在李明博執政的五年當中，韓國人均GDP只有增加四千美元；最後在成爲世界第七大經濟體方面，在李明博卸任的二〇一二年，韓國是全球第十一大經濟體，也就是韓國在李明博的五年任期當中，只往前提升一名。

李明博提出的「七四七經濟遠景」彷彿一座海市蜃樓，但是韓國人似乎並不在意，因爲至少李明博敢做夢，讓韓國人沉醉在大國的夢想當中，因爲對韓國人來說，有夢最美，希望永遠相隨，至於是否達到結果，就沒有那麼重要了。

《雷普利小姐》，造假是為贏得尊嚴

《雷普利小姐》是韓國MBC電視台年度大戲，由韓國知名演員李多海、金承佑，及朴有天擔綱主演。劇情是以二〇〇七年韓國東國大學藝術史副教授申正娥爲了順利取得大學教職，竟然僞造東京大學畢業證書的故事爲原型，並加入韓劇最擅長處理的三角戀情元素。

劇中女主角張美莉（李多海飾）從小被雙親遺棄，隻身在孤兒院長大，之後被一對日本夫婦領養之後，爲了償還養父的鉅額債務，只好淪落風塵，被賣到日本的酒店上班。這段崎嶇悲慘的童年過程，造成張美莉在心理上極度扭曲，她對每個人都不信任，自私又充滿虛榮心，並且常以欺騙的方式達成目的。

張美莉在想盡辦法逃脫日本的紅燈區之後回到韓國找工作，她在一家知名飯店遇上飯店社長張明勳（金承佑飾），張美莉開始藉故接近張明勳，並以僞造的東京大學畢業學歷贏得張明勳的信任，進入這家知名飯店服務。後來，張明勳發現張美莉在處理人際關係上的長處，便開始提拔她，同時也逐漸愛上張美莉。

但張美莉只是在利用張明動，以獲得她想要的金錢與地位。之後，張美莉認識了某飯店集團少東宋有鉉（朴有天飾），自然就想把張明動甩掉。張明動在一個偶然機會遇到張美莉在日本上班的酒店老闆平山，得知張美莉悲慘的過去，但是張明動卻因深愛著張美莉而無法自拔，竟然拿出一億韓圜，要平山不要再接近張美莉。

不過終究紙包不住火，張美莉僞造假學歷的事件終於爆開，檢察官拿出所有僞造證件，並問她爲何要欺騙那麼多人，張美莉告訴檢察官，是這個殘酷的社會逼迫她這麼做，她曾經誠實地向他人透露自己的出身，但是周圍的人都只會欺負她、蔑視她、不認同她，所以她學會了說謊，她發現在編織的謊言世界裡，她活得倒很有尊嚴，有錢又不受欺負。

從韓國看台灣，我們常常取笑韓國人不自量力，經常以搶先申請世界遺產，來證明自己才是東亞儒家文化的眞正源起，沉醉在大國的夢想當中。然而，天下烏鴉一般黑，二〇〇八年馬英九上台之後，也仿效李明博的七四七政策，依樣畫葫蘆地提出「六三三政見」（每年經濟成長率六％，失業率降至三％，人均所得三萬美元），但是卻沒有一項指數達標。當我們在探討韓國盲目追求第一這種心態的同時，是不是也要捫心自問，是否也同樣得了華而不實的「韓國病」？

✱04✱ 就是不喜歡一個人吃飯

在韓國的集體主義作祟下，一個人到餐廳用餐，不但會遭受旁人異樣眼光，還會被認爲是人際關係有問題的怪人……

大家都知道日本是一個極度講究集體行動的民族，只要看到有一群人，爲首者拿著旗子，其他人跟著旗子有秩序地前進，那八成就是日本人，因爲日本人從小被訓練過著團體生活，並且在團體至上的原則下必須捨棄自我，所以他們常常被教導在團體當中要試著隱藏自我，同時日本人也強調「界限主義」，習慣以內圈圈及外圈圈，做爲區隔他人與自己的分界點。如果說日本人是外顯的集體行動者，那韓國人便是內斂的集體行動主義奉行者。韓國人外表粗獷、不拘小節，熱情奔放又略顯粗魯，似乎是個人主義遠大於團體行動的民族，例如一九九五年首爾三豐百貨發生倒塌意外，社長及其他主管竟然不管顧客死活率先逃離現場，結果造成五百多名民眾死亡。

但是在有些時候，韓國人卻又會表現出某種程度的集體行動，而且比日本人更加紀律嚴明。韓國人性格的雙重性，由此可見一般。

有位韓國人類學家曾經說過，韓國人的民族性是結合幾乎瘋狂的「團結力量」，強調輩分的「等級制度」，虛無縹緲的「外表主義」，和毫無章法的「急躁心理」，而這些行爲的顯現，其根源都是來自韓國人的集體主義。

集體主義，讓韓國人極度缺乏安全感，也害怕被冷落，因此他們在外面永遠是成群結隊的。有人曾經說過，如果在中午找不到朋友一起吃飯，韓國人絕對是不會一個人去吃的，他們寧願餓著，也不願意承受來自四方的異樣眼光。因此，韓國人很流行聚餐，至少要一週一次，要是有誰沒去，肯定都會被貼上「異類」「不合群」的標籤。也正因爲這種集體主義，塑造了韓國極易接受外來文化的傳統，也讓韓國人容易和外國人打成一片，所以韓國現今有超過一半的人口信奉基督教，也有超過五百萬人信奉天主教，更是全世界第二大（僅次於美國）的傳教士輸出國家，遙想在二次大戰結束時，當時韓國的基督教人口還不到〇．四%，但在韓戰期間受到美軍影響，韓國基督徒的人口大幅增加，短短不到五年韓國的基督徒人口竟然增加了三百萬人。

我們知道韓國人一向愛用國貨，但是韓國政府並未制訂任何法律，規定國民必須使用國貨，放棄享受舶來品的樂趣。

可卻幾乎每個人都會使用本國貨物，就算造型不討喜、常常故障，也甘之如飴，因爲他們認爲使用國貨，是讓韓國經濟成長的動能與命脈，而這樣的集體行動，是源自民族主義的驅使。

世界杯足球賽期間，總會看到穿著紅衣服的韓國紅魔鬼啦啦隊的蹤跡，每場比賽都能看到他們激情地吶喊「大韓民國」，甚至只要有韓國隊出賽，每個韓國人都會放下手邊工作，自動化身成紅色魔鬼，爲國家隊加油。

世越號事件是集體主義造成的悲劇

韓國人的集體行動行爲模式，也出現在個人的日常生活當中，例如在一家韓國

世界杯足球賽期間，總會看到穿著紅衣服的韓國紅魔鬼啦啦隊。

公司裡，每到用餐時刻，資淺者及年輕員工就算飢腸轆轆，也會裝做若無其事，不會擅自離開位置去用餐，必須等到年長者或主管一聲吆喝，眾人才有如蝗蟲過境般開始去用餐，這是韓國人根據每個人的年紀及所在的地位，所必須嚴格遵守的社會法則，而這種集體行動是來自儒家的權力至上論。

韓國人的集體行動行爲模式，其實不分平時或是緊急時刻。二〇一四年，韓國外海發生世越號（又名歲月號）沉船事件，造成三百零四名學生不幸遇難，當時在船隻進水即將沉沒的危難之際，這些年輕的學生卻還在等待老師和船長的指示，但是船長及船員卻丟下他們自顧逃命，結果造成這些無辜學生命喪海中。由此可見，韓國這種因社會階級而建構的集體行動，就算在生死存亡之間，還是不能有所例外。

另外，韓國人的集體行動行爲模式，也不分國內或是國外。記得我在念大學時，正好發生九七年亞洲金融危機，那個時候原本常在校內群聚的韓籍學生，彷彿一夕之間人間蒸發，都沒有到學校來上課。過了幾天，我在路上遇到一位提著大包小包、行色匆匆的韓國同學，我問他要去哪裡，他說他的國家正發生危難，他們全部都要休學返回國內，並帶回身上所有的美金，捐出美元來挽救他們陷於風雨飄搖的國家。

通常，當一個國家發生危機時，該國國民應該都是拚命往外逃，而韓國人卻是急著要返回國內，且不論他目前身在哪個國家。

最後，韓國人的集體行動行為模式，也是不分美麗與醜陋的。

我們都知道韓國人對整型趨之若鶩，根據統計，在韓國二十歲以上的女性，整形的比例超過二分之一，連韓國前總統盧武鉉也不免俗地割了雙眼皮，以及動了消除眼袋手術。對韓國人來說，整型不只是一種自信，還是一種自尊。記得《亞洲週刊》專欄作家林沛理曾經說，「在韓國如果你接受整型手術得越早，便可以擁有一副新的面孔越長久。」在韓國，整型與否的決定說不定並不只是美醜問題，可能還關乎你是否在乎未來。

因此，我們知道韓國人的集體主義，不只是民族主義的表徵，也是愛國心的驅使，更是上下權力關係的體現，還是一種獨善其身的自尊。

所以，韓國人的集體主義，其實是融合儒家長幼有序的人倫觀念，以及遊牧民族大家族相互照顧的情誼。

「安分守己」是集體主義社會的特色，「人人為己」是個人主義社會的特色。然而韓國在社會轉型之後，卻出現集體主義與個人主義的相互衝突，例如在「世越號」沉沒的時候，船長與船員不顧乘客生死棄船而逃，將「先救婦孺」的專業守則拋到九霄雲外，便是韓國現今個人主義逐漸凌駕集體主義的最好明證。

韓國客輪世越號

《一起吃飯吧》，喚醒集體主義精神

在韓劇當中，《一起吃飯吧》這部戲，應該是描寫韓國人集體主義的最佳典範，雖然整部戲都是以「吃」來貫穿全場，以「美食」來牽引男女主角的感情，但卻也顯現出韓國人不甘寂寞、愛熱鬧的民族性格，而每個人每天都會做的「吃飯」，自然成為這部戲用來表現韓國人的集體主義。

《一起吃飯吧》這部戲，是韓國TVN電視台於二〇一三年推出的作品，由李水京、尹斗俊及尹邵熙所主演，劇情主要敘述近幾年韓國在高度經濟成長之後逐漸出現的「獨居戶」現象，根據韓國政府二〇一二年的統計，目前韓國約有四分之一的住戶是獨居戶，這種現象開始侵蝕韓國過去的集體主義精神，《一起吃飯吧》便是以獨居戶和鄰居之間的互動關係，試圖喚醒韓國人重拾過去集體主義的文化價值。

這部戲的女主角李秀景（李水京飾），是一家律師事務所的基層職員，她剛結束一段婚姻，獨自居住在單身公寓當中。李秀景從小就是一個貪吃鬼，吃美食是她最大的興趣，但是離婚又獨居的她，最感到困擾的便是要一個人吃飯。劇中李秀景個性孤僻多疑，不輕易信任他人，只有美食當前，她才會解除所有的武裝，忘我的眞情流露。

男主角具大英（尹斗俊飾），是住在李秀景隔壁的鄰居，他也是獨居戶，而且獨居長達九年，他雖然獨自居住，卻是一位不折不扣的美食家，對於各式料理都能如數家珍，因此有「菜單男」稱號。具大英與李秀景同爲獨居人，但個性卻大不相同，具大英爲人親切誠懇又樂於助人，是一位相當具有魅力的男人。

而在這部戲當中，食物是貫穿人與人關係的最佳觸媒，該劇不但像是一部精采的美食節目，更深刻描寫獨居者的心境，道出獨居者不敢一個人到餐廳吃飯的苦惱，因爲在韓國的集體主義作祟下，一個人到餐廳用餐，不但會遭受旁人異樣眼光，還會被認爲是人際關係有問題的怪人，所以就算不喜歡熱鬧，也要強迫自己與他人共同用餐。

縱使因社會的高度分工使得獨居戶大量出現，讓過去韓國人習以爲常的群聚生活開始受到影響，但這卻絲毫不影響韓國人的對外行爲，一旦面對外來的挑戰，在民族主義及愛國心驅使下，韓國人還是能立刻擁抱集體主義精神一致對外。我想這種精神，正是台灣如今最欠缺的元素。

✶05✶ 為何韓國人只有名字是漢字？

經過朴正熙十餘年的廢除漢字運動，韓國年輕一代的學生幾乎完全不懂漢字，而圖書館內典藏的古書及出版品，都要重新再用韓文進行翻譯。

有到過韓國旅遊的人都知道，對我們漢字圈的人來說，如果路標沒有檢附英文的話，簡直像到了另一個星球。

有一年，我趁著中秋連假到韓國旅遊，卻發現繁華的首爾大街上商店大多關門，有如一座空城，仔細一問，才知道原來韓國人也放中秋假期，而且和農曆過年及端午節並列爲年度三大節日之一，大家早就返鄉與家人團聚了。

話說，韓國爲何會有如此「漢化」的習俗呢？其實在過去，由於朝鮮半島長期屬於中國的藩屬，受到中國文化影響相當深，因此，韓國人雖然講韓文，但是卻沒有自己的文字，書寫都是用漢字來表示，但由於漢字相當艱澀，當時只有士大夫及讀書人才有機會學習漢字，一般的平民百姓幾乎都是文盲。

到了一四四三年，當時朝鮮王朝的世宗大王爲了要掃除文盲，並讓文字學習普及化，便利用日月星辰及音樂等概念，以窗櫺的形狀爲原理，創建了四十個字母（二十一個元音，十九個輔音），再以拼音的方式，成爲現今的韓文，而它還有個正式名稱，叫「訓民正音」，又名「諺文」。

世宗大王所創建的韓文，擺脫漢字象形會意等概念的束縛，利用音韻學的原理，由一到兩個輔音，

韓國人也過中秋節，松餅是必備應景美食。

再加上一個元音所構成。不可否認的，在現今電腦時代，韓文是目前全世界最容易上手、最科學，也是最容易輸入的語言，難怪韓國人每次在世界打字大賽當中總是名列前茅。

世宗大王雖然發明「諺文」，但是當時主要的用意並非要「去漢字化」，只是希望創造一個人人都容易溝通使用的語言，並能夠把用漢字寫不出來的「純韓語」（約占韓文的二〇％）表述出來，因此，在之後的五百年當中，韓國的官方文件及出版品，爲了力求精準，仍

發明訓民正音的世宗大王

然是以漢字爲主，而「諺文」只是漢字的輔助工具。

一直到一九〇六年，當時的學者周時經提出「韓文獨尊論」，他認爲漢字是外來的文字，韓國應該要透過韓文本土化來喚醒民族自覺。而周時經的「韓文獨尊論」，在一九四五年韓國獨立之後開始落實，自此韓國政府連續發動三次去漢字化運動，有人稱之爲戰後「六十年文字運動」。

從韓文獨尊，到漢字復活

首先韓國政府在一九四八年頒布《諺文專用法》，開始逐步廢除漢字，由於當時韓國受到美國文化影響相當深，「脫亞入美論」成爲知識分子的主流意識，擺脫落後象徵的漢字，學習進步的英文浪潮，更是風靡全國，當時韓國在美國政府的支持下，成立「漢字廢止會」。由於美國提倡廢除漢字，主要是希望韓國能夠擺脫中國的文化牽制，而這種非發跡於韓國人本身需求的運動，其實並沒能排擠漢字，當時政府公文、報刊雜誌，依舊是「韓漢並用」。

而漢字眞正開始在韓文當中消失，是在一九六一年朴正熙總統執政之後，在他掌權的十八年期間，他全力倡導「廢止漢字」「韓文專用」政策，因爲這些政策，將可以讓過去韓國所有的官方文書及出版品完全失去效用，同時也可以拿來對付反對黨金大中的政治攻勢，並有利於朴正熙的獨裁統治。

不過，朴正熙雖然發動全面廢除漢字運動，但是他本人的漢文造詣卻是相當深厚，我記得曾經在一張照片當中，看到朴正熙提著毛筆，揮毫寫著「祖國現代化」五個

1959年韓國製藥業者柳韓洋行的漢諺混書廣告單 ©Yuhan

大字，而他的長女，韓國現任總統朴槿惠，不但從小學習漢語，並熱愛中華文化，喜歡中國哲學。由此可見，朴正熙的廢除漢字運動，並非是他對於漢字有特別的成見，只是把廢除漢字運動當成一種打擊異己的政治工具。

經過朴正熙十餘年的廢除漢字運動，韓國年輕一代的學生幾乎完全不懂漢字，而圖書館內典藏的古書及出版品，都要重新再用韓文進行翻譯。另外，由於現今的韓文是以拼音方式呈現，因此出現許多相同發音，卻可對應眾多漢字的情況，例如jung這個字，它的漢字便有重、仲、中、眾等四種；jae這個字，則有再、載、宰、才、栽、災等十七個漢字；最普遍的sa，則多達五十四個漢字，這讓韓國人為了避免混淆，都會在他們的身分證上加註漢字，而他們的姓名也成為現今韓國人唯一認識的漢字。

韓文使用大量的同音異字，也常常造成韓國行政上的錯誤與疏失，例如，有一年韓國政府正在進行高鐵建設時，由於鐵軌的混凝土枕木需要防水發泡棉的填充物，但是施工單位卻誤用了吸水材料，導致十五萬根枕木出現龜裂，最後政府調查發現，出錯原因竟然是施工單位誤將「防水」錯認成「放水」，因為缺少漢字的標記，而韓文當中的「防」與「放」是同一個發音。

就在韓國實施韓文專用政策將近四十年之後，在一九九七年開始出現轉變，原因是韓國於該年爆發金融危機，造成國內經濟急遽下滑，當時的韓國工商界人士擔心，由於韓國有超過四〇%的商品輸出對象是中國大陸，而完全拋棄漢字的韓國，將難以和使用漢字的中國大陸做生意。

於是一九九八年金大中總統上台之後，便發表「漢字復活宣言」，鼓勵學生多多學習漢字，出版品及新聞報導盡量「韓漢並陳」，以提升國民的漢字能力；而在二〇〇九年，由韓國二十位前總理所組成的「全國漢字教育促進總聯合會」，聯名向青瓦台呈上一份建議書：主張韓國應該從小學開始教漢字。另外，韓國五大經濟團體也建議屬下的十九萬家公司，在招聘職員時必須經過漢字考試。

雖然目前在韓國，漢字教育仍然只是中學的選修課，但是現在許多韓國的大學規定，在學生畢業之前必須拿到漢字二級證書，或者通過校內進行的漢字考試。而三星集團等大企業，在聘用員工的過程中，會給持有漢字資格證書的應聘者加分，而目前在韓國，「漢字能力資格證」和「托福英語證」以及「電腦應用能力資格

韓國前總統朴正熙不僅漢文造詣深厚，更時常提筆寫漢字書法。

證」，已經成爲大學生的三大必備證書。

都教授說中文，漢字圈觀眾備感親切

其實，在韓劇的古裝戲當中，早就常常出現漢字的元素，例如韓劇《天命》，劇中常常可見大幅漢字書法高掛在宮廷、貴族家中，而且凡是劇中出現的書籍、書信、密旨及榜單等，一律都是用漢字寫成，人物的名字也深受中國文化影響，承載著美好的祈願，例如金玉、長今等，而劇中的針灸穴位也同樣是由漢字寫成，並且在涉及穴位的名稱時，通常會特別加上註釋，告訴觀眾穴位的正確位置，這些細節體現出韓劇電視製作的用心，以及對中國文化的認可和尊重。

由於古代韓國是使用漢字，因此在古裝韓劇當中出現漢字並不特別，但是在現代韓劇當中如果還頻頻出現漢字，可就比較稀奇了。比較特別的應該是《來自星星的你》這部戲，因爲劇中主角都教授的原因，在戲中時常出現中國的古書，或是用中文寫的韓國古籍，例如連現代華人都少有聽聞的《列女傳》《明心寶鑒》等中國古代經典名著，都出現在都教授的讀本當中，特別的是劇中主角在戲中竟也哼起中國古典樂曲——「長亭外，古道邊，芳草碧連天」，那是知名中國教育家李叔同所寫的《送別》。

《來自星星的你》是由韓國知名編劇朴智恩，以及導演張太宥所聯手打造的年度大戲，並由韓國明星全智賢及金秀賢主演，劇情敘述在一六〇九年時，一群外表長得和現代人並無兩樣的外星人，在地球短暫停留之後便離去，而其中有一位外星人卻因爲無法趕上而獨自留在地球，他必須要再等待四百年，才能夠搭上下一班飛碟回到外太空。而他在這四百年期間，雖然更換各種不同身分，卻一直維持原本年輕俊俏的模樣，而現在他的身分是一名大學教授，都敏俊（金秀賢飾）。

因爲都敏俊是來自外太空的外星人，因此他具有瞬間移動、時間暫停等超能力，聽力及視力都是一般人的七倍，而就在都敏俊即將要回到外太空的前三個月，一位高傲而又無知的韓流明星千頌伊（全智賢飾）突然成爲他的鄰居，千頌伊這樣的女性其實是都敏俊最討厭的類型，但是都敏俊在無意間看到千頌伊小時候的照片，竟然和他四百年前所認識的女子是如此相似，這讓早已下定決心不再插手他人事的都敏俊，不知不覺開始關心起千頌伊，並擔任千頌伊的經紀人，兩人更因此陷入愛河。

《來自星星的你》因爲劇情設定，劇中時常出現漢字圈觀眾熟悉的文字，間接吸引眾多中國大陸、台灣及世界上其他漢字圈的觀眾。而從韓國看台灣，台灣朝野各黨，先前爲了課綱版本是否要去中國化而爭論不休，其實在兩岸交流已經如此頻繁的情況下，去不去中國化早已不再是重點了。更重要的是，我們是不是也應該學習韓國，思考如何推廣台灣本土製作的戲劇，發揮我們的軟實力？

＊06＊ 勇於挑戰權威，卻又追求權力的矛盾

韓國人極度服從長者，對有權勢者投以高度崇拜，也因此，他們常常爲了追求成功而不擇手段。另一方面，我們也可以看到韓國人在爭取自身權益時的激烈抗爭，甚至還會不斷窮追猛打，展現不達目的誓不罷休的氣魄。

之前頂新黑心油事件，讓台灣興起一股「滅頂」運動，其中頂新集團旗下的某品牌鮮乳，更是眾所抵制的對象，使該品牌鮮乳陷入滯銷窘境。但是才不過半年，在該品牌祭出特價優惠活動後，卻引發台灣消費者的搶購，甚至還出現「無限期支持○○○鮮乳」的粉絲專頁。

難怪有人形容台灣人濫情、理盲、又健忘，常常在事件一發生之後，不明究理地一窩蜂盲從，抵制力量之強大、破壞力道之驚人，但是在熱度消退之後，卻又忘得一乾二淨。

試問，現在還有人記得胖達人、塑化劑、大統混油及毒澱粉嗎？台灣人神奇的健忘能力，著實令人讚嘆。但是在韓國，情況就完全不一樣了。

前一陣子，大韓航空的千金趙顯娥在搭乘自家飛機時，向機上空服員要了包花生米，但只因為空服員在遞給她時沒有事先把包裝袋打開，她竟耍起大小姐脾氣，勃然大怒要座艙長下跪道歉，同時還下令機長把飛機掉頭返回，最後更把座艙長趕下飛機。大韓航空千金如此囂張跋扈，引起國際媒體關注，而趙顯娥的「任性」作為更引發韓國民意一片沸騰。

在這起「花生米事件」發生後，韓航的社長趙亮鎬親自出面，他除了為自己女兒的不當行為向社會大眾道歉之外，並承諾改變過去韓航深具階級意識的企業文化，同時也宣布免除趙顯娥副社長職位，但仍然無法平息眾怒。

由此可見，一旦韓國人長期被階級意識壓抑的敏感神經被挑動，短期之內是難以平復的。

最後，韓國檢察署針對此案組成特別調查小組，並強令大韓航空暫時停飛，相關幹部也被勒令禁止出境，當事人趙顯娥更被檢方以違反航空法及侵犯人權罪，予

大韓航空千金趙顯娥在「花生米事件」後，因激起強烈民怨，隨後在鏡頭前向大眾鞠躬道歉。

以羈押起訴，這才止息了民怨。而大韓航空趙顯娥、趙源泰及趙顯玟三姐弟，素以刁蠻難搞著稱，個個在外惡名昭彰，所以當趙顯娥披頭散髮地出現在螢光幕，含淚向大眾鞠躬道歉時，韓國媒體一片叫好。

從戰後以來，韓國一向以大企業爲經濟發展主體，韓國前三十大企業幾乎壟斷所有的產業，因此有人戲稱：韓國人從出生到死亡，只需要用一種品牌。而從過去以來，在經濟成長的考量下，政府不但視大企業爲天之驕子，韓國民眾對於包山包海的大企業更是敢怒而不敢言，大企業彷彿是另一種政治的「聖域」，更是國家公權力無法介入的法外治權場域。

大韓航空是韓國第一大航空公司，也是許多韓國年輕人夢寐以求想要進入的大企業，其新人起薪高達三百萬韓圜（約新台幣八萬五千元），因此，每年參加大韓航空招聘的多達三萬人，但通常只錄取二百四十人左右，平均每一百二十五人才錄取一人，比起三星集團每二十人錄取一人還要競爭激烈。但是，當韓航出現職場的不公平對待時，韓國人卻勇於站出來爲弱勢發聲，並打破這家企業封閉的階級文化，韓國人勇於推倒威權高牆的精神，也著實令人讚嘆。

勇於推翻威權，總統也成階下囚

由於韓國身處中國、日本，及俄羅斯三大強權之間，自古以來，便是強國相互侵略的緩衝國，在這種特殊地理位置使然下，韓國人一向具有雙重的民族性格，一方面階級分明、畏懼威權，這是儒家文化的體現；另一方面，他們黑白分明、追究到底，這是遊牧民族的外顯。

所以，我們可以看到韓國人極度服從長者，對有權勢者投以高度崇拜，也因此，他們常常爲了追求成功而不擇手段。另一方面，我們也可以看到韓國人在爭取自身權益時的激烈抗爭，甚至還會不斷窮追猛打，展現不達到目的誓不罷休的氣魄。

在這種矛盾性格的驅使下，讓韓國人顯得既溫文、又剽悍，既熱情、又頑固。

其實，這不是韓國第一次推倒威權的高牆。

早在二十年前，一九九五年十一月二十六日，韓國政府便以貪汙及私吞政治獻金的罪名，把全斗煥及盧泰愚兩位前總統送進了監牢。全斗煥是韓國軍事威權的象徵，而盧泰愚更是韓國民主化的先鋒，但是他們卻利用韓國人對於威權的高度崇拜，以地緣、血緣及學緣，來建構政府與大企業之間龐大的利益輸送與政商關係的網絡，形成一種「親信資本主義」，而民主化之後，政治權威的崩壞，讓韓國人勇於挑戰威權的神主牌。

這也不是韓國第一次對高位者

大韓航空為韓國第一大航空公司，也是許多年輕人夢寐以求的職場。

究責到底。

當前總統全斗煥、盧泰愚，被金大中總統特赦多年之後，韓國政府仍然不斷追討他們的不法所得，韓國國會還於二〇一三年通過《政治人物不法所得沒收特例法》，延長追討公務人員不法所得的時效，並將追徵範圍擴大爲其直系親屬，以防止將財產轉移到家人名下。

在這項法律的依據下，韓國檢方於今二〇一五年初，搜查全斗煥個人及親屬的十七處場所，並沒收他所擁有的高價字畫及收藏品。另外，全斗煥藏匿於美國價值高達一百二十萬美元的資產不但被美國政府沒收，並將拍賣所得退還給韓國政府，最後迫使全斗煥的長子全宰國，不得不出面向韓國民眾道歉，並承諾將主動繳交一．六四億美元的巨額罰金。

《未生》，忠實呈現韓國職場生態

在韓劇當中，探討韓國年輕人勇於挑戰傳統職場文化，最有名的當屬《未生》

這部戲了。

「未生」，是一種圍棋術語，由於圍棋講究布局，以互相吃掉對方的棋子爲目的，而棋子在未被對方吃掉前，都是未知生死的「未生」，只有贏的一方，才是完全生存下來的「完生」。應用在當今職場上，「未生」就如同剛進入社會的新鮮人，必須經過不斷地淬練、重生，學習在弱肉強食的職場環境中不斷晉升，最後才能成爲碩果僅存的「完生」。

《未生》改編自漫畫家尹胎鎬的網路連載漫畫，這部漫畫以一位職場新人的角度，描繪職場當中的爾諛我詐與人生百態，被稱之爲「勞動階級的職場教科書」，該漫畫曾經接連獲得大韓民國資訊大賞漫畫部門總統獎，以及韓國國會最佳

未生
作者：尹胎鎬
三采文化（2015）

漫畫獎。在改編成電視劇之後，《未生》也是現今韓劇當中，極少數沒有戀愛情節的一部戲，最重要的是該劇劇情，深深觸動了每一位上班族的心靈，因此，當該劇於二〇一四年十月在韓國TVN電視台推出之後，不但頗受外界好評，收視率更屢創新高。

這部戲的主角張克萊（任時完飾），是韓國棋院研習生，他從小沉溺於圍棋世界，並夢想日後能成爲世界級的職業棋士，但是這個夢想卻因爲他沒通過入段考試而幻滅。張克萊不但學歷只有高中學力檢定通過，也沒有任何專長及外語能力，卻憑著私人關係請託，進入一家名叫One International的大型貿易公司擔任實習生。

二十六歲才初入職場的張克萊，不但對電腦操作一竅不通，連最簡單的影印機都不會使用，甚至連接個電話，都要同是實習生的幹練同事安英怡（姜素拉飾）幫忙，而面對身邊外語能力一流、工作能力出眾的同事們，張克萊感到無比挫敗及無地自容，特別是當他靠關係進來的事被他人揭發之後，更受到同是實習生同儕的質疑與排擠。

這部戲最引人入勝的是，戲中描述的劇情，幾乎都是每天發生在我們周遭的大小事，例如韓國職場一向講究「忙」是王道，特別是新進職員必須比主管晚下班，而且要有通宵達旦工作的心理準備，取得上司信任。若是工作做完提早離開，就會被視爲沒有盡全力，不尊重自己的工作，這也造就了韓國「工作狂」的職場文化，也難怪韓國員工的平均工時雖然全球高居第二，一年達二千一百六十三小時，但是每人每小時的生產力卻只有二十九美元，是其他先進國家的三分之二。

值得一提的是，《未生》這部戲算是促使韓國政府修改過時勞動法令的主因。劇中男主角張克萊雖然是聘雇人員，但他卻盡忠職守、使命必達，可是受限於政府的勞動法令，只要是非正式員工的聘雇人員，無論表現有多優秀，都必須要在兩年聘雇約期滿之後離開公司，而張克萊在劇中的遭遇，迫使韓國政府修改法令，將年滿三十五歲的約聘雇人員任用年限，從兩年延長爲四年。

回到現實社會當中，《未生》這部戲有如韓劇版的《半澤直樹》，然而，無論《半澤直樹》或《未生》，其實都無法改變日本及韓國職場文化。

諷刺的是，韓國年輕人如今還是擠破頭想進入大企業工作，接受論資排輩等階級意識的調教，在體制內接受馴化、再社會化。就算發生趙顯娥的「花生米」事件，大韓航空仍是韓國年輕人理想職場的前幾名，且趙顯娥後來也只被韓國法院宣判緩刑，當庭釋放。

這或許是爲何韓國人勇於挑戰政治的威權，卻無法打破傳統職場文化高牆的主要原因吧。

＊07＊ 韓國為何有這麼多基督徒？

韓國首都首爾早已成爲全國基督教的大本營，教堂四處林立，同時在韓國人追求「大」的心理下，全世界十二個最大的基督教堂竟有十一個在韓國，而夜晚無數霓虹燈閃爍的十字架，也成爲首爾的特殊景觀。

我本身是聚會所的基督徒。二〇〇三年，我應邀到韓國漢陽大學擔任訪問學者，要到韓國居住半年。當時，我深怕韓國是否會像日本一樣，不但基督徒相當少，連要找個聚會場所也不太容易，因爲日本人不太習慣陌生人到家裡聚會。

結果我到了韓國之後，才發現首爾不但教堂林立，連聚會所也頗多，韓國牧師還自誇般地告訴我們，韓國不但是僅次菲律賓的第二大天主教國家，也是基督教會所在亞洲各國推展最成功的國家。韓國人的熱情外顯，讓我備感溫暖，韓國人信仰轉換的快速，也著實讓我訝異。

宗教是一個國家文明的洗禮，也是國民的心靈寄託，它是一種根深柢固的民族觀念，也是一種難以轉換的生活習性。因此，從歷史來看，一個國家想要在宗教信仰上物換星移，不但需要長時間的心理刻畫，也需要外力的介入與征服，它不是一種利益性的交換，而是一種價值觀的轉換。

而大家對於韓國的宗教，印象最深刻的應該就是「統一教」，每年由教主文鮮明親自舉行的跨國集團婚禮，吸引來自全球各色人種多達三、四千人參加。聽說，這種以新人素未謀面，僅由文鮮明隨機配對的婚姻，離婚率竟然不到千分之一，遠低於坊間一〇%的平均值。由此可見，宗教的約束力遠勝凡人的七情六慾。

其實，韓國統一教並不只是一個專職配對的宗教，它是基督教的一派分支，信奉新約聖經，目前統一教在韓國約擁有二十萬名信徒，雖然不是韓國最大的宗教，但卻是最國際化的教會。

統一教是文鮮明在一九五四年成立，全名爲「世界和平統一家庭聯合會」，是文鮮明嘗試結合韓國傳統的儒家文化，以及西方的信仰價值，所創建的屬於韓國特色的宗教。因此，統一教雖然讀聖經，但其不僅強調家庭的價值，也重視一夫一妻制的教義，雖然披上基督教的外衣，卻還存有傳統儒家文化的思維。

而像統一教這種本土化的基督教，在韓國其實並非異數，也不是少數，大家可能不知道，深受儒家文化影響，而且佛教勢力又相當大的韓國，其實是個基督教比例相當高的國家。

在目前韓國五千萬人口當中，基督新教（基督教）約有九百萬信徒，基督舊教（天主教）也有六百萬信徒，其他如統一教及純福音中央教會等新興教派也有多達三百萬

從韓國本土誕生的基督教分支，統一教教主文鮮明。

信徒。換句話說，現今韓國的泛耶穌信徒（基督教加天主教）比例，已經達到占總人口數約三五%～四〇%之間，遠遠超過佛教的二三%，韓國應該是個名副其實的基督教國家。

保有儒家文化的基督教國家

然而，韓國接受基督教洗禮的時間並不長，一切都是從二次戰後才開始。對韓國人來說，基督教扮演著如同救世主的角色，不但將韓國從戰火當中解救出來，也成爲韓國人心靈上的最大救贖。

近代韓國宗教史，有如一部強權殖民的血淚史。在日本統治時期（一九一〇～一九四五），日本政府在朝鮮半島大力推廣神道教，並強力打壓其他宗教，使得原本在韓國相當興盛的佛教幾乎被摧毀殆盡，而當時韓國全境信奉基督教的人，還不到全國人口的二%。

多災多難的韓國，隨著二次大戰落幕日本殖民統治結束之後，隨即又陷入韓戰漩渦當中，在北韓大軍占領漢城（首爾舊稱）、攻進釜山之際，以美英法為主的聯合國聯軍出兵解救了韓國，最終在北緯三十八度線維持南北韓分治局面，而這些出兵的盟軍國家，大多是信奉基督教的新約教會國家，因此，至今在韓國各地，仍存有感謝這些國家犧牲官兵的紀念碑或是墓園，時時提醒著韓國人這些國家如同耶穌一樣，為了救贖他們而犧牲奉獻。

在戰後的重建工作上，天主教與基督教神職人員亦扮演非常重要的角色，他們不但為當時窮困的韓國人提供免費食物及日常用品，也提供免費的先進醫療，這讓韓國人開始敞開心靈、主動接近教會，進而信奉耶穌。

另一方面，不像台灣與中國大陸隔有兩百多公里的台灣海峽，在北緯三十八度線薄薄的一道牆下，北韓對韓國與日劇增的軍事威脅，讓韓國人惶惶不可終日，如果沒有強大的精神與心靈支柱，韓國人民實會處於極大的焦慮與恐懼之中，而這時駐紮在韓國的美軍，也適時扮演著抵禦北韓的中流砥柱角色。也由於這些基督教國家的支持以及神職人員的無所不在，讓韓國人逐漸將耶穌基督視為永恆的救主。

在歷史的偶然與實用主義的交織下，如今韓國首都首爾早已成為全國基督教的大本營，教堂四處林立，同時在韓國人追求「大」的心理下，全世界十二個最大的基督教堂竟有十一個在韓國，而夜晚無數霓虹燈閃爍的十字架，也成爲首爾的特殊景觀。

另外，不只是基督教，韓國的天主教也在戰後蓬勃發展。韓國天主教會是世界上成年人信仰皈依最多的教會，每年都有超過十五萬以上成年人入教，同時近年來韓國也挾著韓劇流行風潮，教會也積極在海外進行傳教活動，以展現韓國宗教的軟實力，目前韓國已成爲世界上第二大的傳教士輸出國（僅次於美國）。

在另一方面，天主教與基督教也在韓國的教育領域中展現重要的影響力，例如韓國私立大學的翹楚——延世大學，便是一所基督教的教會大學；而韓國天主教大學更成立於一八八五年，是韓國最古老大學之一。

而基督教在韓國的風行，最有名的例子當屬「汝矣島純福音教會」，是由韓國人趙鏞基，在一九五八年於自家的客廳成立的，當時信徒只有他和其弟子崔子實兩人，之後靠著趙鏞基的聖靈治病傳奇，讓信徒與日俱增，到了一九六八年，「汝矣島純福音教會」信徒已經超過一萬人，並在全國組織一百二十五個區域小組，積極培養義工家訪信徒。

到了一九七三年，趙鏞基在當時的荒島汝矣島新建一座聖殿，大聖殿可以同時容納二萬五千人做禮拜，目前「汝矣島純福音教會」已擁有超過八十萬信徒，是現今世上最大教會。

目前韓國的天主教聖徒人數，高居世界第四，僅次於義大利、西班牙、巴西及菲律賓，而一九八四年當時的教宗若望保祿二世，在羅馬封聖的韓國聖徒人數，竟創一次性封聖的最高人數。而當今天主教教宗方濟，於二〇一四年

汝矣島純福音教會，是現今世上最大教會。

八月訪問韓國，除了主持天主教每年一度的「世界青年日」盛會，並爲早期殉教的一百二十四位韓國信徒進行「宣福禮」之外，還特別爲「世越號沉沒事故」約三百位死亡與失蹤者主持一場戶外彌撒，當時估計有五十萬韓國人參加。

對照十八世紀朝鮮王朝時，基督教隨著西方列強進入朝鮮半島，當時的韓國人卻視其爲一種入侵的宗教，而無法被普遍接受。但是經過短短不到一百年，基督教卻以拯救者的宗教之姿重新進入韓國，並在韓國境內逐步扎根進而風行草偃。

傳遞樂觀、積極精神的《我叫金三順》

在韓劇當中，可呼應基督教信仰中眞善美的眞諦精髓的，應該就是《我叫金三順》這部戲了。這部戲是二〇〇五年韓國MBC電視台所推出的愛情喜劇，改編自知名網路作家池秀賢的小說，由金宣兒、玄彬及鄭麗媛主演。

該劇敘述一個已經二十九歲的輕熟女金三順（金宣兒飾），雖然她沒車沒房，也沒相貌沒學歷，更因失戀導致體重急速上升，但她卻保有樂觀自信，積極生活又率直。不過她一心想將自己俗氣的名字改過，並朝著成為蛋糕師的夢想之路邁進，過程中遇到多金俊帥的男主角，而展開一段愛情浪漫故事。這是一個描寫典型韓國女人的故事，因而被稱之為韓版的《BJ單身日記》。

在劇中，金三順是個既不漂亮、也不苗條的二十九歲女性，但她個性堅強、不認輸、有著強烈的好奇心，但男友賢宇卻在聖誕節前夕突然宣告分手。失去了愛情，求職也失敗的三順，十分失落回到無業的生活，正當此時，命運卻讓她與二十七歲餐廳老闆玄振軒（玄彬飾）相遇。這個看似毫不體貼、又不溫馨的男人，有一天為了躲避母親安排的相親要她幫忙假扮情侶，而正值窮途末路的三順最後只好跟他簽下戀愛協議。

故事最終，一直保有樂觀心態的三順不但解決惱人的愛情習題，也找到了屬於她的愛情。這部戲在當年不僅造成極大轟動，大結局收視率更高達五〇・五％。

《我叫金三順》這部韓劇，主要角色的塑造跳脫以往韓劇總是在悲情、復仇的情緒中打轉，反而擁有如基督徒般樂觀、溫暖，不畏艱難的精神與心態，也試圖傳遞真善美的眞諦給觀眾，似乎也間接將基督信仰的精髓，蘊藏其中。

✴08✴ 充滿儒家色彩的韓流

韓國雖然已是世界上的經濟強國，但是韓國社會卻仍然獨尊儒術，儒家思想還是韓國的主流文化。

前一陣子，網路上瘋傳一則消息：根據某位韓國學者的考據，因爲孔子的出生地在古代是韓國所有，而且箕子的朝鮮王族，與孔子家族之間也有血緣關係，因此他得出結論，至聖先師孔子應該是韓國人。

這則消息一出，立刻引爆中國網民的民族情結，對韓國以儒家正統自居的自大心態加以撻伐。但這則消息卻罕見地遭到韓國政府鄭重否認，認爲這是外國網民的惡作劇流言與假消息。

平心而論，無論這則新聞的眞僞，從儒家文化的角度來看，無可諱言地，韓國應該是現今東亞國家當中保存儒家思想最爲完整的國家。

從文字上來看，大家可能會認爲使用漢字的日本，應該是個正統的儒家文化國家，可惜的是日本雖然表面上大量使用漢字，可是其文化精神早就不再是禮義廉恥的儒家思想，而是強調榮譽、忠義的武士道精神，這也造就日本人死不認錯的「恥感」文化，而不再是孔夫子吾日三省吾身、愼獨的「羞感」文化。

而在全球各地廣設「孔子學院」，爭奪儒學正統的中國大陸，其實在文化大革命批孔揚秦的運動下，儒教思想早就蕩然無存，君不見，台灣至今仍把孔子誕辰的九月二十八日訂爲教師節，而中國大陸卻在一九五一年取消教師節，直到一九八五年才把秋季開學的九月十日訂爲教師節。

而且在馬克思主義主張無神論，打倒知識分子的教條下，也與孔夫子崇尙儒者的思想背道而馳，在儒家思想在中國大陸逐漸淡薄之下，追求名利、自我中心主義以及不顧及他人感受，反而成爲中國大陸經濟成長之後的後遺症，衆多陸客的不文明舉動，應該就是最好的體現。

韓國人至今仍十分重禮、尊師

相對地在文字上大量去漢化的韓國，卻是一個名副其實遵從儒教的國家，例如韓國至今還是個相當尊重長輩和講究禮儀的國家，在很多情況下，晚輩都是要給長輩行大禮的，而且不同的場合要行不同的傳統禮，且場合不同行禮的次數也不一樣，男女行禮的方法也有不同。同時，從長輩手中接物品時必須要使用右手，有長輩在場時喝酒必須側身，以示對長者的尊重。由這些繁文縟節的禮儀當中，可以看出長幼有序的思想，仍然

韓國至今仍相當講究禮儀，有長輩在場時喝酒必須側身，以示對長者的尊重。

深深影響韓國人的一舉一動。

另外從韓國婚禮當中的「跪拜禮」，也可以看出韓國人對於父母的尊重。韓國人的跪拜禮與中國跪拜禮最大的不同，就是韓國必須先跪拜男方家中最大的長輩，例如祖父母或是外婆，接著才是雙方父母，而這些長輩必須端坐在椅子上，接受新人三個叩首；同時現在台灣的婚禮大多以新人爲中心，婚禮現場都是強調新人如何相愛及展開愛情，但是在韓國的婚禮上，父母和長輩才是主角，主要強調感謝父母將我

韓國人在結婚典禮及各種婚喪喜慶等重要日子裡，「行大禮」也是一定要有的過程之一。

們辛苦養育成人、感謝長輩的付出，讓我們有了這段姻緣。由此可見，父母在不遠遊、難報父母恩的傳統，仍然根植在韓國人的思想當中。

而韓國人的尊師重道也著實讓我印象深刻，從語彙上來說，「老師」在韓國人心目中是一個非常有分量的字彙，如果韓國人知道你是一位老師，你可以看到他對你的態度會變得異常恭敬，講話也會非常客氣與小心，不論是朋友或陌生人。

在現今台灣學生以自我爲中心的風潮下，師道幾乎蕩然無存，而我卻常常從韓國學生當中，得到些許的尊重與溫暖。我教過的韓國學生，不論畢業多久，或人在台灣或韓國，每年三大節日，特別是教師節，總是會收到他的親筆祝福，雖然通常只是三言兩語，但是仍然可以看出他對老師的無限敬重。想必一日爲師，終生爲父的觀念，早已深植在韓國人心中，

因此時至今日，韓國雖然已是世界上的經濟強國，但是韓國社會卻仍然獨尊儒術，儒家思想還是韓國的主流文化，孔子思想的靈魂，「八德」：忠、孝、誠、信、禮、義、廉、恥，也早已融入韓國人的日常生活當中，成爲韓國現代化的最大動能。

而韓國是如何保存儒家文化的呢？從古代的朝鮮王朝開始，韓國為了推廣儒家文化，便在漢城設有「成均館」，「成均」兩字，源於《周禮》中的「成均之法，以建國之學政」，因此，在當時成均館便成為朝鮮半島歷代王朝的最高學府，相當於中國古代的國子學、太學，一直到今日，韓國的成均館大學仍是韓國最古老的大學，也是培養韓國政經人才的重要搖籃，例如朴槿惠總統所任命的三位總理（鄭烘原、李完九及黃教安）都是畢業於成均館大學。

另外，儒家思想不只是韓國政治體制的精髓，它也徹底融入韓國的教育體系當中，而每位韓國人，從小學到大學都必須接受一套完整的儒家思想教育，例如在韓國的小學，便有一門「正經的生活之道」課程，內容強調端正、深思、愛家庭、愛國家，從個人、社會及國家三個層面，從小灌輸韓國人儒教思想。

而到了中學階段，則設有「國民倫理」課程，培養學生以德業相勸、過失相規、禮俗相交、患難相恤的儒家禮教，把儒家文化融入韓國人日常生活當中；到了大學，則設有「實學思想」課程，強調儒學的實用性，讓學生能夠將近代科學與傳統儒學相互結合，不但讓學生能夠將儒家思想學以致用，同時也用來奠定國家發展的精神基礎。

然而，現今韓國獨尊儒教的制度，卻是得來相當不易，因爲韓國從近代以來，多次遭受外族入侵，隨著列強統治也帶來外來文化，多次衝擊著儒家文化的根基，也讓韓國儒家立國的思想走得異常坎坷。

例如，在日本殖民統治時期，日本政府在朝鮮半島灌輸武士道精神，而韓國人不但不服從，還積極抵抗，同時也把儒家思想轉化成韓國抵抗日本統治的最佳利器。而韓戰結束後，西方文化隨著美軍大量入侵韓國，爲了抵禦西方人情淡薄、重視享樂的思想，韓國更以「合而不同」策略，以多元文化觀來保存儒家思想。

《成均館緋聞》，偶像明星詮釋儒生生活

在一九九〇年韓國逐漸躍升爲政經大國之後，韓國政府爲了發揮韓國文化的軟實力，在一九九八年由金大中總統提出「文化立國」政策，並於一九九九年通過《文化產業振興基本法》，推出多項獎勵措施，誘使民間參與開發各式各樣的文創

案，而這項「文化立國」政策，就是把儒教傳統文化的精髓，融入現代的生活當中，進而把文化產業發展成拉動經濟發展的新動力，進而開創出一條具有韓國特色的「韓流」新路。

韓國還將儒家文化的精神，透過電影、電視，普遍地向世界各地傳揚，例如韓劇《大長今》，在韓國歷史記載裡，其實只有十處提到大長今，但是這部連續劇卻能帶動一兆韓圜的經濟產值，並讓韓國政府爭取泡菜和泡菜文化列入「聯合國教科文組織」人類非物質文化遺產，同時也把韓國料理行銷到全世界。

例如韓劇《商道》，便是韓國政府嘗試結合儒家思想所形成的一套獨特經商之道，讓過去大家所熟悉的晉商、徽商及浙商之外，又多出了一個韓商。這部《商道》主要是想打破過去大家對韓國人爲求利益不擇手段的刻板經商印象，也強調韓國人的爲商之道，乃是源自儒家以義爲利的概念，這與孔夫子思想其實是不謀而合的。

而在現今的韓劇當中，談到儒家思想最有名的，無非是《成均館緋聞》。這部戲是二〇一〇年由韓國ＫＢＳ電視公司推出的古裝大戲，由韓國小說家鄭銀闕的

《成均館儒生們的日子》所改編，以朝鮮王朝時期的成均館爲主要戲劇舞台，特別的是雖是一部古裝戲，卻請來當紅偶像明星朴有天、朴敏英、宋仲基及劉亞仁擔綱主演。

本部戲敘述在朝鮮正祖時期，沒落的貴族之女金允熙（朴敏英飾），爲了照顧體弱多病的弟弟金允植，因而女扮男裝，並靠著抄寫文章來維持家計，同時金允熙因爲家中債務壓力，竟鋌而走險冒名參加科舉考試，而在科考的過程當中，金允熙因爲左相大人的兒子李先俊（朴有天飾）的計畫安排，以弟弟金允植的名字參加了考試。

而後，金允熙的考卷還得到當時正祖大王的賞識，於是在中舉之後，她便被命令和李先俊一起到禁止女子入內的太學——成均館裡讀書，並且先後和李先俊、文在信（劉亞仁飾）成爲室友，於是金允熙、李先俊、文在信以及具龍河（宋仲基飾）一起開始成均館的儒生生活，這四位傑出的青年被稱爲正祖時期的「才俊四人幫」。

而這部戲主要著墨在這四名青年之間的友情故事，特別是先俊、允熙兩人的感情竟然從友情轉化爲愛情，而在先俊不知道允熙爲女兒身時，在傳統儒家禮教束縛之下，爲自己喜好「男色」而感到困惑、迷惘；另外在正祖大王命令四人尋找他思念失去兒子所寫的《金騰之詞》時，李先俊也赫然發現自己的父親，竟是金允熙的殺父兇手。

這是一部呈現在傳統儒家禮教與現實人性交織下，友情、愛情與親情的煎熬與無奈的戲劇，我們從這部戲中看到桀傲不遜的文在信，在成均館嚴格禮教的形塑下，竟是如此溫順與服從；也看到溫文有禮的李先俊，在傳統儒家的束縛下，對於愛情竟顯得不安與忐忑。

由此可見，韓國雖然嘗試以廢除漢字進行去漢化運動，但是儒家禮教卻時時如影隨形地在生活當中出現。文字也許可以改變，但是韓國人深層的文化底蘊，卻是無法被輕易磨滅的。

＊09＊ 大到不能倒：當韓國變成三星共和國

在韓國每五塊錢的產值當中，就有一塊錢是由三星集團所貢獻，相對於台灣最大民營企業台積電，其產值約只占台灣GDP一．二％，可見在極度的依賴下，韓國財閥的規模早已大到不能倒。

國內的新聞報導，總是不斷傳輸韓國政府是如何積極對外開疆拓土，而台灣卻不斷原地踏步的消息，例如：在這幾年當中，韓國已經接連與美國、歐盟及中國大陸等大國簽署自由貿易協定，台灣應該要學習韓國，如果台灣不急起直追，將會面臨邊緣化的危機。

但事實眞是如此嗎？我的一位韓國學生曾經告訴我，台灣很好，他很羨慕台灣人。他說韓國雖然所得高，但貧富差距卻日益擴大，韓國雖然簽了很多自由貿易協定，其實韓國人並不快樂。可見一個國家就算簽訂再多自由貿易協定，也不代表國民從此就能過著幸福快樂的日子。

我好奇地問他，爲什麼欣羨台灣？韓國學生說：「在台灣，如果一旦失業了，還可以像新聞報導過的那位政大博士生一樣，到逢甲夜市擺攤賣雞排，也可以如同之前離職的主播一樣，創業加盟開早餐店。在台灣，只要願意做，一切充滿機會與可能。但是在韓國，情況就不一樣了。如果沒有工作想要去賣石鍋拌飯，卻發現韓國規模最大的全州石鍋拌飯是三星集團旗下的子公司開設的，根本沒有我可以插旗的空間；如果想要開一家韓式烤肉店，卻驚覺在韓國處處可見現代集團旗下的豐林烤肉店，市場早就被壟斷。甚至連韓國人每餐必備的聖品——泡菜，也幾乎由CJ集團所製造販售。」韓國大財閥的無所不在，讓遭遇失業的韓國人，對未來更加感到失望與絕望。

其實，財大氣粗的韓國大財閥，各自的事業版圖有如八爪章魚，老早就已壟斷韓國各大小產業，難怪過去有人戲稱韓國人從出生到死亡，只要使用一種品牌就可以，例如韓國的三星集團，不只賣手機，還賣尿布，也開學校，賣壽險，甚至還開棺材店。韓國大財閥還眞有如鬼魅，處處都在，無所不在。

韓國的大財閥英文稱爲「chaebol」，是由韓文「재벌」直接音譯過來的，它的文義是「擁有巨大財富的集團」。韓國人一向崇尙「大」，正如同韓國所追求的「大國夢」，這讓韓國年輕人自然也把追求「大」，當成向他人炫耀的標的。

所以許多韓國年輕人，寧願選擇不與「財」鬥，而將到大財閥上班當成是自己終生的志業與目標。但是僧多粥少，在韓國，想要到大財閥上班，不僅要通過層層關卡的激烈競爭，還要通過大財閥所訂定的忠誠考核，也就是必須在過去的就學期間，不能有任何批判大財閥的言論與行爲，否則就算能力再好，大財閥也不會錄取。這讓韓國的輿論界頓時成爲一言堂，批評大財閥成爲不可侵犯的「聖域」。

其次，在韓國扭曲的薪資結構下，一個人在大企業或是在中小企業上班，薪資通常可以相差到三倍以上。舉例來說，根據二〇一五年的最新統計，三星電子的新人起薪約爲二百五十萬韓圜（約新台幣七萬元），而屬於中小型企業的樂泰化工（Loctite），起薪則只有一百萬韓圜（約新台幣二萬五千元），這比台灣的新鮮人起薪22K魔咒，似乎也沒有高上多少。可以說，韓國貧富差距的根源，竟是來自大財閥與中小企業的薪資差距。

橫行韓國社會的財閥

韓國社會普遍以是否進入大財閥工作爲衡量成功與否的唯一標準，在這種勝者爲王、敗者爲寇的社會壓力下，許多人必須從小就要開始培養進入大財閥的相關技能，韓國也有許多補習班主打如何考進大企業，這讓韓國年輕人承受無比龐大的心理壓力，也難怪韓國雖然身爲世界第八大經濟體，但在全球的幸福指數當中卻是敬陪末座。韓國的人均GDP雖然在東亞地區名列前茅，但年輕人的自殺率卻是全球最高。

由此可見，韓國大財閥不僅滲入韓國人的日常生活當中，也掌控年輕人的社會價值觀，同時在韓國威權式的政商關係下，也操控了政府。

戰後韓國大財閥的崛起，其實就是一部韓國的政商關係史。一九七一年，朴正熙總統在鞏固政權之後，決定發展重化工業，做爲提升韓國經濟的政策主要方向，而在發展重化工業政策下，最重要的便是扶植特定的企業，政府除了挹注龐大資金之外，也給予壟斷性的特許產業，讓它們的規模能夠快速成長。

舉例來說，在一九六〇年代，韓國的現代集團還只是一家不到百人的小型企業，但因爲現代集團創辦人鄭周永的父親，是當時朴正熙總統在韓國陸軍士官學校的老師，靠著這樣特殊的學緣關係，現代集團不僅得到韓國政府的大力協助，還獲得汽車製造業及鋼鐵業等壟斷性產業的生產權，使得現代集團能夠快速成長爲韓國前五大財閥。

韓國的大財閥還有另一項特色，那就是全由單一家族所控制，這與西方企業大多是專業經理人管理有相當大的不同。例如，三星

三星集團會長李健熙

集團由李秉喆所創，而在李秉喆於一九八七年過世之後，便由其三子李健熙擔任會長。採取家族式管理的大財閥，亦有助於在不受法律規範下提供巨額政治資金給總統，以鞏固企業版圖於不墜。因此，韓裔美籍學者康燦雄便將韓國總統與大財閥之間的親密關係，稱為「裙帶資本主義」（cronyism capitalism）。

在歷任韓國總統的刻意扶植下，目前韓國前三十大財閥，其總產值已占全國GDP的七五%，其中韓國規模最大的財閥三星集團，其在二〇一四年的總產值，更高達全國GDP的二〇%。換句話說，在韓國每五塊錢的產值當中，就有一塊錢是由三星集團所貢獻，相對於台灣最大民營企業台積電，其產值約只占台灣GDP一．二%，可見在極度的依賴下，韓國財閥的規模早已大到不能倒。

在韓國，三星的權力有多大呢？曾經任職三星集團法務長的金勇澈，在二〇〇七年寫了一本書，書名是《三星內幕》（中譯本二〇一三年出版）。他在書中揭發三星集團會長李健熙涉嫌賄賂司法人員，及提供非法政治獻金醜聞的內幕。書中透露李健熙時常命令三星的高層人員，拿著一疊疊的現金去賄賂不同層面的人，包含記者、報社、警察、法官、議員，及總統身邊的要人，以為自己建立最廣、最穩固的人脈網絡。

當面對這些違法事件的調查時，三星集團方面根本不把司法體系放在眼裡，甚至囂張地在外國媒體及大批官員面前，把前來公司調查的官員擋在門外，等到所有文件銷毀之後才放行。而三星集團的這些惡行惡狀，不但韓國媒體不敢報導，檢察官不敢查，法官更不敢判刑，最後，還要勞駕總統親自出面，以特赦三星高層的方式了結事件。難怪金勇澈在書中最後說道：「現在的韓國，早已不是民主共和國，而是三星共和國！」

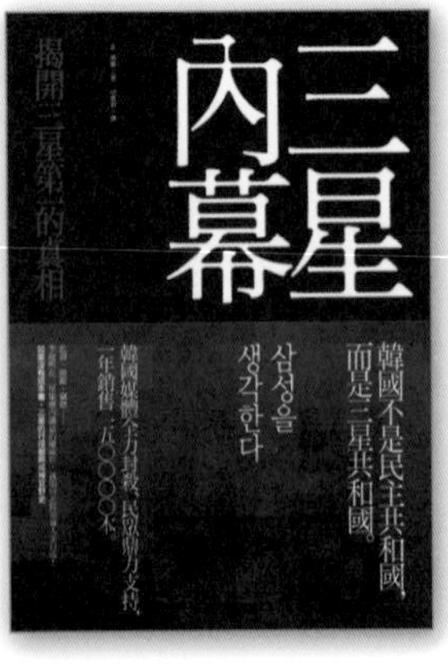

三星內幕：揭開三星第一的真相
作者：金勇澈
大牌出版（2013）

《黃金帝國》，大財閥興衰史

在韓劇當中，討論韓國大財閥的戲劇相當多，但題材大多還是以韓劇最擅長的男女愛情，及家庭鬥爭為主題，例如《財閥之女》及《繼承者們》等，但《黃金帝國》這部戲卻是大不相同。

《黃金帝國》以一九九〇年代至今這二十多年當中，韓國的經濟發展為背景，在這段期間，韓國歷經高度經濟成長、亞洲金融風暴的肆虐、經濟結構的重組、房地產狂飆、信用卡債風暴，以及世界金融危機，該劇以大財閥家族之間的權力與金錢的鬥爭為視角，探討韓國大財閥的結構是如何隨著外環境的改變，隨之調整。因此，這部戲不但是一部描寫戰後韓國的經濟史，也是韓國大財閥的興衰史。

《黃金帝國》是韓國ＳＢＳ電視台在二〇一三年所推出的年度大戲，該劇由知名劇作家朴慶秀，及導演趙南國聯合打造，並由高洙、李瑤媛及孫賢周主演。該戲描述誠進集團是韓國最大財閥，也是人們眼中的黃金帝國，主角張泰株（高洙飾）出身貧寒，但卻靠著聰明才智，及天生過人膽識，在競爭激烈的韓國房地產當中快速嶄露頭角，因而被誠進集團的會長崔東誠賞識，於是延攬他進入集團工作。在進入誠進集團之後，原本張泰株以爲只是單純擔任經理人工作，卻在一連串的因緣際會下，被迫捲入集團繼承人的鬥爭當中。

誠進集團崔東誠會長的大兒子崔原載（崔玟宰飾），原本是財團指定的繼承人，但是他的個性不但軟弱，做事又愚蠢，反觀集團第二號人物崔東進副會長，他的兒子崔民載（孫賢周飾）不但爲人謙虛、聰明俐落，而且懂得傾聽他人的心聲，因此在集團內享有相當高的聲望。由於崔民載功高震主，讓崔東誠會長倍感威脅，於是會長便想利用他高傲又勇敢的二女兒崔書潤（李瑤媛飾），來除掉這個擋在兒子繼承之路前面的最大障礙。

崔書潤雖然含著金湯匙出身，但她知道誠進集團所創建的黃金帝國，其實是以陰謀、背叛與欺騙所換來的，雖然她想離開這個充滿算計的帝國，但是不爭氣的大哥及權力旁落的危機感，讓她毅然擔負起對集團的使命感，於是崔書潤便聯合外來的張泰株，他們不但彼此相愛，也一起共同對抗崔民載。而在愛情的滋潤下，張泰株想成爲集團繼承人的野心卻日日壯大，而當他的野心被崔書潤發現時，張泰株隨即被集團無情地驅逐出境。

從韓國看台灣，當大家羨慕韓國以自由貿易協定對外開疆拓土時，大家似乎只看到亮麗的數字，及冰冷的GDP表現，忽視韓國人其實在這過程當中所付出的慘痛代價，以及所失去的幸福感。從韓國的例證，我們眞要捫心自問，台灣，眞的需要一個「三星共和國」嗎？

＊10＊ 名校迷思與精英主義：超競爭社會

韓國還有一種特殊現象，就是課後補習風氣相當盛行，而且不像台灣補習大多集中在英文、數學等學科。在韓國，若不上補習班，表示父母對子女教育不重視，那是一種嚴重的失職。

選舉時，候選人大都會語氣謙卑地說：「懇請惠賜一票，我的當選，就差你這一票。」但是在韓國，候選人卻反而會自信滿滿地說：「我已經贏了，你投票給我，就是投給勝利者。」

在還沒有投票之前，韓國人就認爲自己已經贏了，這不但是浮誇，也是一種莫名的自信，而這種自信，是因爲韓國人一向不喜歡輸的心理作祟。因爲在韓國，輸了不但無顏面對親人，還可能是民族的奇恥大辱。

而韓國人不喜歡輸的心理，其實還可以從他們對教育的態度看出來。韓國人有多麼重視教育呢？我們可以參考每年韓國大學聯考情形，在這場決定學生未來的大考當天，韓國幾乎舉國嚴陣以待，不但原訂的軍事演習必須延後，市區也會全面進行交通管制，航班起降時間也要隨之調整，以便讓六十多萬名考生能夠順利抵達考場，並在無噪音干擾的環境中應試。

　　打開韓國的電視台，有關小孩教育的節目更是琳瑯滿目，其中一個名爲「Super Kids」的益智節目裡，外國主持人全程以英語提問、評論，參加節目的全是小學生，他

韓國考生拚大學如打仗，學弟妹們更會在考場外搖旗吶喊應援。

們年紀雖小，但英文聽、說能力卻如同母語般流利。有些韓國家長更把孩子送去外語學校就讀，目前光首爾地區就有將近二十所全外語高中，要進去還得通過嚴格的英語考試，錄取率比大學聯考還低。而根據統計，韓國家庭平均把所得的五〇％投資在孩子的教育上。

此外，在韓國還有一種特殊現象，就是課後補習風氣相當盛行，而且不像台灣補習科目大多集中在英文、數學等學科，韓國學生課後補習的項目相當多元，包含國際情勢、心理學、程式應用、辯論、珠算及基礎科學，其主要在於強化自己的弱項，以及拓展本身的知識範圍。在韓國，若不上補習班，表示父母對子女教育不重視，那是一種嚴重的失職。

鐵血教育背後的憂鬱

但是，韓國人對於教育的理念，其實跟一般時尚少女崇尚名牌精品的心態並沒有兩樣，名牌（名校）及舶來品（海外留學），是他們追求的兩大目標。

首先是韓國人的海外留學風潮，最近大家都在說，台灣的大學生滿街走，而在韓國，卻是有海外留學經驗的學生滿街走，而且韓國人深信外來的和尚會念經，因此，每位韓國家長幾乎都是不計任何代價要把小孩送出國，學理工到美國、學藝術的到歐洲、學習中文到中國大陸，家庭環境好的送到歐美及日本，家庭環境較差的也要送到印度、東南亞。

這使得韓國雖然只有區區五千萬人口，但是韓國的留學生人數，在世界各國卻都是名列前茅。例如目前在美國大學留學的韓國學生人數便有將近九萬人，占美國境內外國留學生總數的一三·五%，若除以人口數的話，比重是最高的，不但超越日本與台灣，也凌駕印度與中國大陸。而且韓國人極度迷信長春藤學校，也唯有就讀長春藤學校，回國之後才有好的出路。

另外，韓國企業也不落人後，最近在韓國品牌席捲全球的浪潮下，韓國大企業也紛紛與世界各主要大學進行產學合作，將自家員工派到該大學學習當地語言，並取得經營管理學位，一方面透過學習了解該國的風土民情，同時也進行市場調查，四年之後，便成爲大企業派駐該國的主力幹部。由此可見，韓國的留學風，似乎已經成爲一種全民運動。

例如在我任教的政治大學，韓國留學生及交換生的人數，一直是外籍生當中最多的，而在我的指導學生當中，便有一位韓國籍學生，他取得博士學位之後，由於他同時會韓文及中文，又了解韓國的民土風情，因此很快地便被台灣一家大企業網羅，從事負責韓國市場的業務工作，他認爲與其留在韓國面臨激烈競爭，海外留學似乎是就業的另一條終南捷徑。

反觀最近這幾年，在習於養尊處優及害怕吃苦的心理下，台灣海外留學生的人數急遽下降，這不但讓台灣的大學生缺乏國際視野，也讓台灣的國際能見度大幅降低。就現實面來說，我們和韓國之間的差距，並不只在產業競爭力，還有人才的國際競爭力。

其次是韓國人的名校迷思，在教育立國的政策下，韓國跟現今的台灣一樣，各式各樣的大學林立，高中生進入大學的比例也將近百分之百，而韓國的大學生雖然滿街走，但是要擠進所謂的「SKY」（以首爾大學、高麗大學及延世大學的首字母組合而成）窄門，卻是難如登天。

韓國社會曾經流傳一句諺語：「從排名第一的首爾大學畢業生，就算開家小吃店，生意也會相當火紅。」在這種名校迷思下，每位家長都會想盡辦法讓自己的小孩進入「SKY」，未來才能一飛衝天。

然而韓國的名校迷思，並不只是天下父母心的一種特殊現象，就連韓國的企業也有名校迷思。根據統計，韓國一般大學生的年薪約爲二千四百萬韓圜，但如果是「SKY」的畢業生，年薪卻可高達四千萬韓圜，幾乎是普通大學畢業生的兩倍，而在這種差別式待遇的社會風氣下，助長了韓國人對於「SKY」的追求，所以在許多韓國人眼中，唯有進入「SKY」，才是眞正的人生勝利組。

這種名校至上制，在韓國衍生出許多社會問題，第一個現象便是「自殺潮」。許多高中生因爲無法考上「SKY」，在大學聯考放榜之後選擇輕生，這讓韓國年輕人自殺率始終居高不下。其次便是「家庭的矛盾化」，在父母的過度期待下，使得子女的壓力無處發洩，造成親子之間的緊張關係，之前便有一名韓國的高三學生，因爲父母無止盡的日夜強迫補習，在承受極大的心理壓力之下竟然失控殺害自己的母親。

強調技職教育的韓國第 17 任總統李明博

而在二〇〇七年韓國總統李明博上台之後，便極力想導正韓國這種「名校膨脹論」，李明博自己本身只有高中夜校畢業，靠著半工半讀，他白天工作，晚上念書，直到日後到現代重工服務時，才考進高麗大學的商學部。因此，他提出「技術興邦論」，認爲韓國應該重視技職教育的重要性，而非一味追求大學文憑。

在韓國大學生的失業率居高不下的情況下，韓國社會也開始重視名校迷思問題，與其讀完大學找不到工作，不如選擇就讀具有就業保障的技職學校，而就在李明博政府的強力主導下，韓國大宇造船公司便成立自己的技職學校，在經過四年的技職訓練，以及三年的工作實習，幾乎所有畢業生都可以進入旗下的玉浦造船廠工作，並享受與大學生相同的待遇。

當前的台灣，也因爲傳統的文憑迷思，以及大學數目供過於求的情況下，造成大學生滿街走，但卻找不到水電工人的窘境，而從韓國的社會現象，我們可以看到望子成龍，似乎是東亞國家的共同期望。

《愛在哈佛》，探討韓國人名校迷思參考

在韓劇當中，有一部《愛在哈佛》可做爲探討韓國人名校迷思的參考。這部戲是由韓國SBS電視台於二〇〇四年播出的連續劇，由韓星金來沅、金泰希、李廷鎭及金玟主演。該劇雖然不脫韓劇傳統愛情故事的框架，但是從劇中人物的價觀，可以看出韓國人對於美國長春藤名校的高度崇拜，是不分貧窮與貴賤的。

《愛在哈佛》正如戲名，主要描述韓國留學生在美國哈佛大學的愛情浪漫故事，主角金賢宇（金來沅飾）是一名哈佛大學法學院新生，有一次在住進一家汽車旅館時，遇到一位韓國女生李書仁（金泰希飾），金賢宇誤以爲打扮時尚的李書仁是從事特種行業，這讓李書仁對金賢宇留下相當不好的印象。

而李賢宇因爲剛到哈佛念書，水土不服，功課也跟不上同儕，使他產生相當大的挫折感。有一天，金賢宇在圖書館遇到李書仁，這時才得知書仁竟是哈佛醫學院高材生，但是兩人卻又因爲一件小事起了口角，之後在賢宇的解釋下，書仁才逐漸釋懷，之後因爲異地相遇的情愫作用之下，兩人的感情便逐漸加溫。

後來李書仁必須要到外地的醫院實習，兩人不得不暫時分離。三年之後，金賢宇畢業回到韓國擔任一家知名律師事務所的律師，而李書仁進入美國一家非營利醫療組織「漢米爾頓財團」擔任調查員，兩人在一件大企業（DA化學）汙染的賠償案中再次相逢，而金賢宇被李書仁關懷弱勢的情懷所打動，願意免費義務爲災民打官司，並與李書仁共同追查汙染源，但是此案不但涉及韓國大企業的龐大利益，也牽涉錯綜複雜的政商關係，這讓金賢宇與李書仁備受政治的壓力與黑道的威脅。

屋漏偏逢連夜雨，李書仁意外地得到淋巴癌，但是金賢宇卻能克服重重困難，不但打贏這場官司，同時也揭露漢米爾頓財團與DA化學之間的關係，最終也以喜劇收場，李書仁不但戰勝淋巴癌，也與金賢宇結成連理，有情人終成眷屬。

這部戲雖然稍嫌美化韓國精英分子的正義感，但是從中仍可看出韓國名校至上的精英主義。

第二部

從韓劇看韓國政治

＊11＊ 韓國第一位女總統

二〇一三年當朴槿惠成爲韓國史上首位女總統之後，韓國社會便存在著相當高的期待，希望透過朴槿惠的當選，成爲韓國女性意識抬頭的彰顯，以進一步翻轉過去韓國男尊女卑的現象。

先前台灣二〇一六總統大選打得相當火熱，曾經被譽爲「兩個女人的戰爭」，因爲朝野兩黨不約而同派出女性候選人出來角逐總統大位，雖然之後發生所謂的「換柱」風波。女性當家，早已是歐美民主國家的潮流與趨勢，但是在台灣卻走了相當長的一段路。

同樣深受儒教文化影響，曾經是亞洲最嚴格父權制國家的韓國，卻早在二〇一三年便出現第一位女總統——朴槿惠。韓劇《我的野蠻女友》中女性當家的劇情，已經在韓國政治圈眞實上演。台灣女性政治意識的抬頭，似乎遠遠落後韓國。

但，實際情況眞是如此嗎？

從過去以來，男尊女卑的現象深深根植在韓國社會、經濟、生活的每個角落，一位在七〇年代留學韓國的學者曾經告訴我，當時走在韓國的大街上常常可以看到男性空著手，大搖大擺走在前面，而太太則一邊忙著提行李，一邊幫先生撐傘，小碎步地跟在後面，不敢超越先生一步。在公車或地鐵上，若發現有空位太太一定立刻讓先生先坐，自己則在旁邊站著，拿著扇子幫先生搧風，小心翼翼地服侍先生；在家裡，韓國男人一般並不進廚房，也不幫忙打掃，做家事彷彿是女性的天職，特別是當婆婆在家的時候，若看到先生幫忙做家事，太太是會被責罵的。

另外，過去在重男輕女的傳統思維下，韓國社會一向不重視女性，特別是在傳宗接代的壓力下，韓國人常常會透過超音波來選擇胎兒性別，使得韓國成爲東亞國家當中新生兒性別比例失衡最爲嚴重的國家，例如，在一九九〇年韓國新生兒男女性別比例高達一一六．五，即每出生一百個女嬰，就有約一百一十六個男嬰出生。到了二〇〇〇年才降爲一一〇．二，二〇〇七年再降到一〇六．一。一直到最近幾年，韓國男女新生兒比例才總算達到均衡的範圍。可見男女平等的觀念，韓國也是經歷一段時間才慢慢建立。

因此，在二〇一三年當朴槿惠成爲韓國史上首位女總統之後，韓國社會便存在著相當高的期待，希望透過朴槿惠的當選，成爲韓國女性意識抬頭的彰顯，以進一步翻轉過去韓國男尊女卑的現象。但是事實並非如此，韓國女性的權力，似乎並未隨著女總統的當家而與時俱進。

首先，在性別平等方面，以朴槿惠當選總統的二〇一三年爲例，該年在瑞士「世界經濟論壇」（WEF），以全世界一百三十四

韓國第18任總統朴槿惠，也是韓國首位女總統、東亞第一位民選女性國家元首。

個國家和地區為調查對象所公布的〈全球性別差距報告〉當中，韓國竟只得五十四分（以男女完全平等為一百分為基準），在全球排名第一百一十一位，也是東亞地區最後一名，遠低於菲律賓（第十位）、中國大陸（第六十九位）及日本（第一百零五位）。

其次，在薪資差距方面，根據二〇一三年「世界經濟合作組織」（OECD）針對韓國前一百大企業所做的一項調查報告顯示，韓國女性員工的薪資普遍比男性少了三九％，而韓國男女薪資差距之大，竟是所有調查二十八個國家當中首位，也是所有國家平均值的一．六倍，更與排名第二的日本差距達一〇％，而在二〇〇〇年時，韓國男女工資差距為四〇％，由此可見在這十幾年以來，韓國男女薪資差距僅僅只減少了一％。我們也可以知道在韓國，男女薪資差距的懸殊並非特例，而是一種通例。

最後，在就業平等方面，韓國企業女性高階主管一向相當少見，根據韓國統計廳的數據，在二〇一三年韓國三星電子、現代汽車等市值總額前一百大企業的高階主管當中，女性比率只占一．五％，人數僅有十二名。另外，在韓國前四大銀行

（國民、新韓、友利、韓亞）的從業人員當中，有高達二分之一的員工是女性，但女性高階主管卻不到二十分之一。另外，在韓國的國會議員中以二〇一五年的統計數據為例，韓國女性議員只有二十九人，只占國會議員總數兩百人的一四．七％，與非洲的加彭並列全球第八十位。

由以上數據我們可以看到，在朴槿惠當選韓國總統時，不論在經濟上或政治上，韓國女性的權力與地位其實都並未有顯著的提升。可見朴槿惠之所以能成為韓國首位女總統，並非來自韓國人對於女權觀念的轉變，多數來自其父親朴正熙的政治餘蔭，以及朴槿惠獨特的人格特質。

冰公主朴槿惠

朴槿惠為韓國前軍事強人朴正熙總統的長女，很多人應該都認為她是含著金湯匙，集寵愛於一身的嬌嬌女，但事實上朴槿惠的成長過程，卻是異常艱辛坎坷，這養成她日後堅毅冷靜、專斷潔癖的個性，因此在朴槿惠從政之後，便有「冰公主」

稱號。

而朴槿惠的身世到底有多坎坷呢？在朴槿惠二十二歲的時候，她最鍾愛的母親陸英修，在陪同朴正熙於韓國國立劇場演講時，被北韓殺手文世光誤殺身亡，當時朴槿惠正在法國念書，她被緊急電召回國，從此之後朴槿惠便女代母職，扮演第一夫人角色，陪同父親四處出國訪問。

而朴槿惠扮演第一夫人角色其實並沒有太久，五年之後她的父親也被他的親信，中央情報局局長金載圭暗殺身亡，讓朴槿惠頓失依靠。最慘的是當朴正熙過世之後，他的家人卻接連遭到繼任的全斗煥總統，以及反對黨的政治清算，朴槿惠也受到池魚之殃，被韓國政府限制居住及人身自由，在對韓國政治極度失望下，朴槿惠便遁入鄉間，不問世事並終生未嫁。

一直到一九九七年，當年亞洲金融風暴重創韓國經濟，使得韓國處於動盪飄搖之際，在愛國心的驅使下朴槿惠決定重出江湖，並從政參選國會議員，以實際行動解救韓國。但是仇恨政治並未放過她，朴槿惠競選國會議員期間，在一次外出拜票時遭暴徒以美工刀割傷臉部，當場破相縫了十七針。但這次的暴力攻擊並未讓她屈服，也沒有讓她動搖想徹底改造韓國政治的信念。

之後在二〇〇四年，朴槿惠所屬的大國黨遭逢前所未有的選舉挫敗，而就在大國黨存亡之際，她毅然決定擔負起大國黨黨主席角色，帶領大國黨從基層開始做起，而朴槿惠爲了要改變過去大國黨安逸的氣息，竟然將大國黨的總部從一棟宏偉壯觀的建築物，搬到一間破舊的小屋辦公，以臥薪嘗膽的方式讓大國黨能夠徹底重生。

在朴槿惠領導下，大國黨重新獲得韓國選民的認同與支持，之後她接連讓大國黨贏得國會大選，並在二〇〇七年年底成功輔選李明博當選韓國總統，重新讓大國黨取得執政權。由於朴槿惠在一九九七年從政之後，在歷次選戰中從未嘗過敗績，因此讓她有「不敗公主」稱號。

在「不敗公主」堅定的信念下，朴槿惠於二〇一二年決定挑戰總統大位，她在這次大選中自稱「四無」，也就是「無父、無母、無夫、無子」，因爲她把自己的一生都獻給了韓國。這句話感動相當多韓國選民，再加上許多老一輩韓國選民，感念朴正熙總統在七〇年代爲韓國所創造的「漢江奇蹟」，將感謝轉移到朴槿惠的選票上，得到韓國所謂「五八六」（五〇年代嬰兒潮出生，八〇年代進入職場，六十歲以上）選民的大力支持，讓朴槿惠順利擊敗文在寅，成爲韓國首位女總統。

藉戲劇表達對女總統的熱切期盼

韓劇《愛上女總統》就是敘述一位平凡女性，在因緣際會之下成爲韓國第一位女總統的故事。這部戲是由韓國SBS電視台在二〇一〇年搭上朴槿惠熱潮所推出的年度大戲，由高賢廷及權相佑主演。

《愛上女總統》這部戲的女主角徐惠琳（高賢廷飾），原本是一位兒童節目主持人，擔任記者的丈夫在阿富汗採訪時被塔里班分子綁架，卻因韓國政府營救不力被恐怖分子殺害。在爲了營救丈夫與政府打交道的過程中，讓她發現政府機關的本位主義，以及與財團、司法掛勾的種種黑幕，這讓徐惠琳開始走向政治之路，在不到五年時間，從國會議員開始，之後成爲南海道知事（相當於縣長），最後成功入主青瓦台。

這部戲最特別的是徐惠琳在劇中被塑造成是一位個性龜毛、具有政治潔癖、堅持己見，不按牌理出牌的女性，似乎與朴槿惠個性雷同。同時當徐惠琳在當選韓國總統之後，仍然不改以往不向惡勢力低頭，不與大財閥交換政治利益，同時不屑醬缸式的政治協商，堅持提名廉潔又有能力的人擔任國務總理，這又似乎是從政後的朴槿惠化身。順帶一提，這部戲在朴槿惠尚未決定競選總統時就拍攝了，可見韓劇的高瞻遠矚，以及韓國人對於女總統的熱切期盼。

從韓國的例子我們可以看到韓國雖然出現一位女總統，但是朴槿惠的當選卻是來自父親朴正熙的政治餘蔭，是韓國人一種集體情緒轉移下的產物，並非韓國對重男輕女觀念的一種反思。因此，女總統的光環其實並沒有改變韓國父權式社會的本質，韓國女性不論在就業市場及政治參與上，仍然處於絕對弱勢。

總統是否爲女性其實並不重要，如何提升女權，打破傳統儒家男尊女卑的思想，似乎才是重點。

＊12＊ 台灣的濁水溪，韓國的蟾津江

在歷史上，新羅與百濟的長期對峙，到了二次戰後化身爲民主（全羅道）與威權（慶尚道）的相互對立；同時在統治者於經濟上的刻意壓抑下，形成進步（慶尚道）與落後（全羅道）的鮮明對比。

不知道爲什麼，台灣自從一九九〇年民主化之後，就一直以濁水溪爲政治分界，呈現北藍南綠的特殊現象，兩大政黨壁壘分明，也阻隔了統派與獨派，讓這兩種政治路線無法水乳交融。因此，濁水溪不只是台灣南北的地理分界點，也是一條切割台灣政治意識的鴻溝，更是台灣政黨勢力難以跨越的楚河漢界。

多年來，民進黨屢屢想以綠色執政、品質保證，拉攏中間選民橫跨濁水溪卻不可得；國民黨也多次以農民年金、全民健保，攏絡廣大的中南部選民但卻從未達陣。台灣是如此地小，但是地域對立的圖騰卻又刻畫得如此深。地域對立如同一座

大山，不只是現實的分隔，也形成台灣「一邊一國」的特殊景象。

其實，地域對立並非台灣特有的政治景象，與我們鄰近的韓國，也有一條蟾津江，千年以前，它分隔江東的百濟國與江西的新羅國；千年之後，它也隔離著江東的全羅道與江西的慶尚道。韓國地域對立的歷史，不但比台灣還要悠久，在韓國人剛烈民族性的作祟下，衍生的政治分歧甚至比台灣還要嚴重。

地域的對立，讓韓國的全羅道與慶尚道雖然近在咫尺，卻讓韓國政黨政治形成涇渭分明的保守與進步兩大體系，沒有第三政黨存在的空間。

韓國地域政治產生的原因，有過去三國時代歷史恩怨的造化，也有戰後威權時期，軍人專政對異議者迫害的遺緒。歷史的分裂，是韓國地域對立形成的溫床，而朴正熙對全羅道的屠殺，則是韓國地域分裂的催化劑。

從歷史脈絡來看，不論是過去與現在，韓國從來就不是一個統一的國家。韓國在西元前十八年至西元六六〇年，有長達將近七百年的時間曾經分裂爲高句麗、新羅與百濟等國家，史稱三國時代。它們爲了爭奪經濟資源，不但屢次兵戎相見，也彼此相互討伐。

其中，便以新羅和百濟兩國之間最爲嚴重，而新羅國便位於現今的慶尙南北道（西邊），百濟國則是位於現在的全羅道（東邊），兩國軍事勢力相當，僵持不下。到了西元六六〇年，新羅國卻引進外兵，聯合當時的中國唐朝，出兵併呑百濟。百濟亡國之後，百濟人便開始四處飄零，從此百濟與新羅便形成世仇。

再從二次大戰後的政治史來看，一九六一年韓國軍事強人朴正熙發動政變，推翻李承晚的文人政府，開啓長期的軍人威權統治，在他長達二十八年的統治期間，朴正熙一方面積極發展經濟，創造漢江奇蹟，另一方面卻也殘酷的鎭壓反對人士，屠殺政治異議人士。

弔詭的是，朴正熙出身於慶尙道，而當時極力反對朴正熙軍事統治的異議人士金大中，卻是出身於全羅道，冥冥之中似乎有所安排。金大中不只反對朴正熙政權，還多次出馬參選總統挑戰朴正熙，朴正熙便派特務軍警四處捉拿金大中。一九七三年金大中在日本東京大皇宮飯店密謀準備革命，於是朴正熙便派遣韓國特務，遠赴日本綁架金大中，準備把他丟到海裡，意圖製造意外死亡。後來，因爲美國政府的介入，金大中才幸運地撿回一條命。戰後朴正熙與金大中之間的政治鬥

朴正熙派人綁架金大中，意圖製造意外死亡。

爭，彷彿就是三國時期新羅與百濟相互討伐的翻版。

地域政治對立，最終變成血腥鎮壓

採取強人獨裁統治路線的朴正熙，在一九七九年遭到他的部屬，中央情報局局長金載圭刺殺身亡，朴正熙過世之後，長期遭到鎮壓的全羅道便開始出現大規模的示威抗議遊行，而接任的另一個軍事強人全斗煥，為了要立威，一方面宣布擴大戒嚴令，另一方面派遣軍隊進入全羅道首府光州，進行血腥的武力鎮壓，造成數百名學生傷亡，而金大中也被逮捕，並以密謀顛覆國家的罪名判處死刑，史稱「光州事件」。

韓國軍人政府在「光州事件」當中，殘酷地屠殺手無寸鐵的平民，拉大全羅道人民與當權者之間的心理距離，之後全羅道卻也成為推動韓國政治民主化的溫床。

在經濟方面，由於全羅道人民長期反對軍人政府，因此，朴正熙在一九七一年開啓重化工業建設時，便刻意忽視全羅道的發展，全力集中建設他的故鄉慶尙道。

例如，韓國最大的現代造船廠，以及浦項鋼鐵廠便位在慶尙南道；另外朴正熙在建造從首爾到釜山的南北縱貫鐵路時，也刻意避開全羅道，這讓全羅道一直成爲韓國經濟發展最爲落後的地區。

在統治階級方面，在韓國極度講求地緣、血緣及學緣的傳統文化下，韓國的執政者一向只信任同鄉的人，因此，在朴正熙執政時期，他所任命的高級官員，幾乎都是來自於慶尙南北道，甚至包括之後繼任的大統領全斗煥、盧泰愚等，都是慶尙道出身。

在歷史上，新羅與百濟的長期對峙，到了二次戰後化身爲民主（全羅道）與威權（慶尙道）的相互對立；同時在統治者於經濟上的刻意壓抑下，形成進步（慶尙道）與落後（全羅道）的鮮明對比。韓國的地域對立，竟在政治民主化後全面爆發，並在選票的分布上，開花結果。

而現今韓國的地域對立到底有多嚴重呢？一九八八年韓國首次舉行總統選舉時，代表統治勢力的盧泰愚，在他的家鄉慶尙道獲得九二%的選票，但是在全羅道卻拿不到八%。到了一九九七年，這種地域對立的投票結果更是懸殊，當時代表長期被迫害者的金大中在他的家鄉全羅道，獲得將近九九%的選票，但在長期執政者的故鄉慶尙道，卻只拿不到五%的選票。

從過去以來，台灣所謂的北藍南綠，其選票分布也只不過是七比三，國民黨在民進黨的大本營台南市雖然居於略勢，但至少還能獲得近三成的選票。而在韓國，地域對立所造成的選擇性投票的差距，卻是將近九比一。可見韓國地域對立的撕裂之嚴重。

由於慶尙道與全羅道的長期對立，讓韓國首都首爾的所在地——京畿道，在歷次總統大選當中，常常成爲左右選舉勝負的關鍵，也就是無論是代表進步勢力，亦或是保守勢力，只要任何一方能夠在京畿道獲得多數選民的支持，誰便能夠勝出。京畿道彷彿成爲左右選舉勝負天平上的小砝碼。

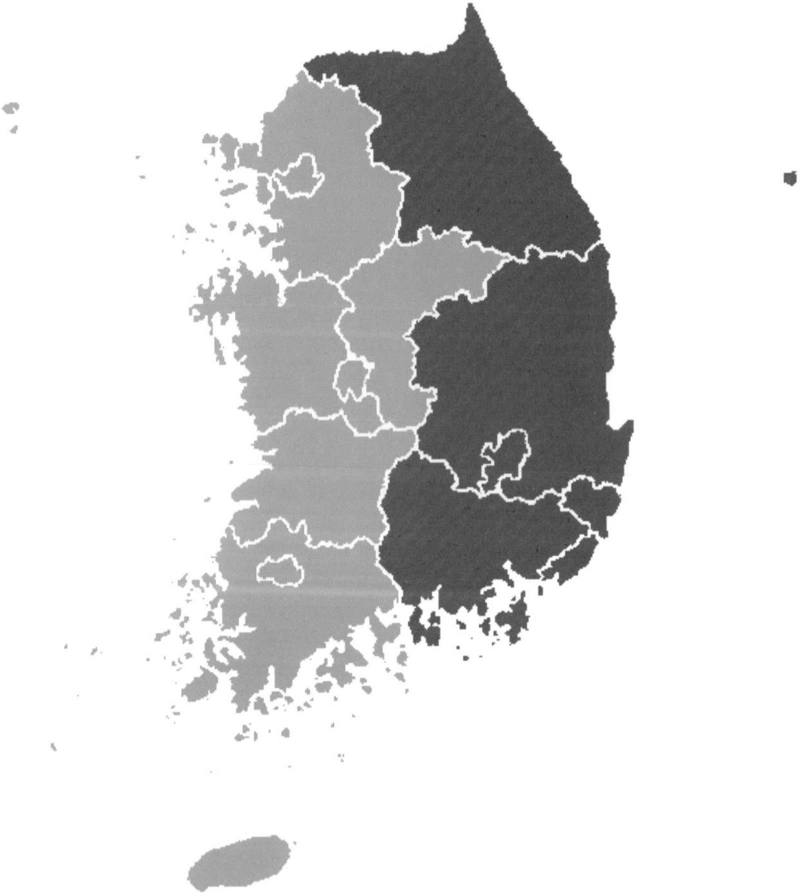

1997年韓國總統選舉得票分布圖，綠色為金大中得票較多區域；藍色為對手候選人李會昌得票較多區域。©ASDFGH at en.wikipedia

《薯童謠》，韓國地域政治對立最佳寫照

很多人應該看過一部古裝韓劇《薯童謠》，以韓國高句麗、新羅及百濟的三國時代爲背景，劇情描述百濟國第三十代國王薯童崎嶇坎坷的一生，也訴說薯童和新羅公主纏綿悱惻的愛情故事。這部宮廷政治大戲，彷彿是百年來新羅與百濟兵戎相見的縮影。

《薯童謠》的主角，百濟王室繼承人薯童從小不知自己生父是誰，母親又因爲政治鬥爭而被殺害，因此，爲躲避政敵追殺，薯童便隱姓埋名，跟隨宮裡研製器物的技師逃亡到新羅，因緣際會下成爲新羅王室的技工。薯童憑著過人高超的技術，引起新羅國善花公主的青睞，兩人陷入情網，但由於新羅與百濟兩國長期敵對，擁有百濟王室身分的薯童與新羅公主的交往，將會讓薯童及百濟技師們陷入危險當中。

之後從母親留給他的象徵百濟王室的遺物當中，薯童逐漸得知自己的王室身分，而後也開始他一段崎嶇的抗敵平政之路，最後也終於在百濟貴族的推舉下，成

爲百濟第三十代國王武王，而新羅的國王也將善花公主許配給百濟國王薯童，多年世仇的百濟與新羅，在政治聯姻下終究歸於和好，並成爲軍事同盟國家，共同對抗強敵高句麗。

然而，新羅國王之所以願意讓善花公主嫁到百濟，主要是要善花公主竊取百濟的農業技術，並安插更多新羅人到百濟擔任高官，意圖進行政治顛覆，而善花公主卻不願背叛自己的丈夫，拒絕執行新羅國王的命令。但是，日後此事卻被薯童的政敵知曉，要求薯童以間諜罪名將善花公主處死。但是癡情的薯童不但拒絕殺害自己的妻子，並爲保護皇后，決定和新羅全面開戰，歷時十年，薯童在戰爭中占領了不少新羅的領土，高奏凱歌。但善花公主卻也因目睹兩位親人之間的戰爭心力交瘁，最後病死在薯童懷中。

在《薯童謠》這齣韓劇當中，武王與善花公主的政治悲劇，不但是新羅與百濟多年恩怨情仇的政治縮影，也是韓國地域政治對立的最佳寫照。然而，韓國在內部雖然地域對立如此嚴重，但是，一旦面對來自外國的壓力，或是來自北韓的軍事威脅，韓國人卻能立刻拋棄地域的成見，全民一致團結對外。

反觀台灣，我們在民主化之後，在內部，朝野彼此政治對立，處處相互杯葛；對外時，更是統獨意識、親中親美路線吵成一片。如此鮮明的對比之下，我想這應該是近年來韓國能夠快速崛起，而台灣卻一直原地踏步的主要原因。

金泳三不顧過去盧、全兩位前總統在總統大選期間全力支持他的情分，竟然宣布逮捕他們。當兩位前總統並肩戴上手銬出現在法庭，那一幕引起韓國社會的譁然與震撼。

✱13✱ 腥風血雨的清算政治

政治素人出身，並在民間享有高人氣的台北市長柯文哲，在上台後爲了顯現肅貪決心，便在台北市政府下面成立了十四人的「廉政透明委員會」，並針對過去國民黨執政時期所進行的大巨蛋、美河市、松菸文創、雙子星及三創園區等五大公共工程「弊案」進行總體檢。

對照柯市長在開始之初，雷厲風行、繪聲繪影，彷彿是一宗官商勾結的世紀弊案，但調查之後，卻因找不到確切的具體事證，只好將「五大弊案」降格爲「五大案」，並將全案轉移給監察院調查。因此有論者認爲，柯市長的作法似有清算前朝的味道。

其實，清算前朝並不是台灣的政治專利，韓國早就其來有自，而且在韓國仇恨文化的加持下，讓韓國的清算政治顯得更加腥風血雨。

一九八七年韓國剛實施民主化時，由於憲法規定韓國總統任期五年，不得連任，因此每一位剛上台的韓國總統，不知道是爲了要先立威，還是要讓人民提前有感，總喜歡找前朝的執政者開刀，這無關他們是同黨還是反對黨，也不管他們的路線同是自由派還是保守派。

也因此我們看到，韓國的新任總統常常會越過傳統的官僚體制，在青瓦台下設立許多跨部會的委員會，並布下大量親信，以確保自己的意志能夠完全地被執行。而在韓國大總統的制度設計下，每位總統都認爲自己是萬能，也是無所不能，他不但操縱了大財閥，也把手伸入司法，如同當上了總統彷彿就是替天行道，所講的話似乎就是眞理，而清算前朝也就成爲一種政績。

所以，我們看到韓國在政治民主化之後，在當權者不相信前朝、不信任司法、不放心官僚的心理下，只能將原有的行政權無止盡地擴大爲司法偵查權，以家臣越俎代庖取代司法，來成爲清算前朝的工具。在這種政治氛圍下，難怪幾乎每位韓國總統下台的身影，不是身陷弊案醜聞（金泳三、李明博），就是鋃鐺入獄（全斗煥、盧泰愚），甚至以死明志（盧武鉉）。

而韓國清算政治的始祖，其實應該是從韓國第十四任總統金泳三開始。金泳三是韓國戰後知名的反對人士，由於他過去長期挑戰朴正熙的軍人威權體制，而與民主鬥士金大中並稱爲韓國的「民主雙金」。

韓國第14任總統金泳三

但所謂的民主鬥士，常常只能同甘苦而不能共享福，當共同敵人消失之後，雙金的政治分歧便開始浮現。

而雙金關係的生變，是從一九八七年韓國首次開放總統民選之後，當時金大中與金泳三兩人在競選總統的大位上互不相讓，於是在該年的總統大選中，分別代表自由派勢力的「雙金」便因爲兩人的鷸蚌相爭而雙雙落敗，讓代表保守派的盧泰愚以此微差距當選韓國總統。

到了一九九三年的韓國總統大選，在自由派勢力的提名競爭上，還是由金大中及金泳三相互角逐，而這次金泳三爲了避免重蹈五年前的覆轍，於是便選擇與盧泰愚主導的保守勢力結合，以三黨結合之力共同對抗金大中的民主陣營。而金泳三的政治變節，讓金大中一度以絕食來抗議，但卻仍然無法力挽狂瀾，選舉結果便是由金泳三當選韓國總統。

而金泳三在一九九三年成爲韓國民主化的首任文人總統之後，爲了要改變過去威權時期綿密的政商關係，以及向人民展示他改革的決心，便提出打擊貪腐、發展經濟，及健全法治等三大訴求，其中首要任務便是掃蕩軍人主政時期的政治貪腐，而前朝的兩位軍人總統——盧泰愚及全斗煥，自然成爲金泳三政府反貪腐運動開刀的主要目標。

下台遭清算，前總統以死明志

在民氣可用之下，金泳三不顧過去盧、全兩位前總統在總統大選期間全力支持他的情分，竟然宣布逮捕他們。當兩位前總統並肩戴上手銬出現在法庭，那一幕引起韓國社會的譁然與震撼，由此可見，韓國政治的冷酷無情，以及韓國人不念舊情、翻臉如翻書的個性。

韓國兩位前總統盧泰愚、全斗煥，因貪腐而走上法庭，引起韓國社會譁然。

而在政治的壓力下，韓國法院自然也從善如流，在一九九六年以貪汙罪及叛國罪兩大罪名，判處全斗煥及盧泰愚兩位前總統死刑，並追繳一百億韓圜的不法犯罪所得。之後再上訴高等法院，全斗煥改爲終生監禁，而盧泰愚則改爲十七年有期徒刑，最後一直等到一九九七年金大中總統上台之後，他不念過去舊怨，宣布特赦盧、全兩位前總統。

再來看另一位悲情的韓國總統盧武鉉。僅有高中學歷，被稱爲「草根總統」的盧武鉉，他在金大中的全力支持下於二〇〇三年順利當選韓國第十六任總統，但是盧武鉉的總統之路卻走得相當坎坷。他在當選不到一年，韓國國會便通過彈劾案，宣布將他停職調查，之後盧武鉉卸任總統之後，也遭到繼任的李明博總統鋪天蓋地的政治調查。

李明博政府指控盧武鉉的兄長盧建平，在盧武鉉總統任內涉嫌收受韓國農協二十九億韓圜的賄賂，之後在二〇〇九年韓國檢方也控訴盧武鉉的夫人權良淑，及兒子盧建昊涉嫌收受泰光實業五百萬美元的賄賂，以答謝他們遊說盧武鉉政府協助其取得高達三十億美元的越南火力發電廠標案，更指控盧武鉉的祕書官李炳浣收受創新纖維公司六千萬韓圜的賄款。當然他本人也逃不掉，他被控訴收受廠商價值兩億韓圜的瑞士鑽表。

猶記得盧武鉉競選總統時的口號便是：建立一個沒有貪腐的世界。以清廉自居的盧武鉉，最終竟被貪腐所困，在這種株連九族的政治追殺下，最後盧武鉉只能選擇跳崖自殺以明志。盧武鉉留下的最後一句話是：「你們忘了我吧。」

世人縱使可以遺忘他，但韓國人卻不能忘記他。在二〇一四年，由韓國《朝鮮日報》舉辦歷任總統好感度的票選當中，盧武鉉及金大中名列前三名，金泳三及李明博則是敬陪末座。歷史的評價總是公平的。

《總統》，描寫政治鬥爭的暗黑

而在韓劇當中，敘述韓國高層的政治鬥爭當中，最好看的當屬《總統》這部戲，它是擅長描寫動人愛情故事的韓劇中，少數以政治題材爲主的電視劇。這部戲由崔秀宗、夏希羅擔綱主演，特別的是它並非韓國本土劇作，而是改編自日本漫畫

韓國總統盧武鉉出殯車隊，民眾夾道追思。

家川口開治的漫畫《Eagle鷹翔萬里》。

《總統》這部戲描寫一位出身平凡家庭，靠著苦讀考上名門大學法律系的青年才俊張日俊（崔秀宗飾），靠著過人的政治手腕，從基層一步步登上總統寶座的過程。劇中透露出在總統競選過程當中，不爲人知的黑暗面，例如不同陣營政客之間的明爭暗鬥，以及政治人物與大財閥之間互賴的政商關係，有如揭開韓國政界的潘朵拉盒子。

張日俊在參與學生運動之後，內心產生偉大的夢想，促成後來他立志成爲人權律師，並在三次當選國會議員之後挑戰總統寶座。他在競選政見當中，誓言要消除韓國的地域、階級，以及意識形態的矛盾，但是在面臨殘酷的政治現實下，讓他不得不妥協，原來理想與現實的差距竟是如此之大。

而這部戲當中的另一位主角則是張日俊的妻子趙素希（夏希羅飾），劇中她與一般韓國傳統的總統夫人總是躲在螢光幕後的形象大不相同，她出身大財團，同時也擁有出眾的口才，以及過人的決斷力，並以積極的活動支持著先生的政治生涯。她在劇中被塑造成有如美國前總統柯林頓的夫人希拉蕊般的女強人形象。

而男女主角出身背景的差異，更是韓劇擅長處理的戲劇張力。在劇中，趙素希的大財團背景與金錢的挹注，一直是張日俊追求政治職務的最大助力，但是到了總統大選時與大財團綿密的政商關係，卻也成爲張日俊追求政治最後一哩路的最大阻力。這部戲透露出韓國政治人物與大財團之間，剪不斷、理還亂的複雜關係，這也難怪每位卸任的韓國總統都要背負賄賂、貪腐原罪。

這部戲的男主角張日俊出身貧苦，靠苦讀自學日後成爲投入勞工運動的人權律師，並在人民支持下成爲韓國總統，這樣的政治過程彷彿就是現實中盧武鉉總統的翻版，而張日俊在檢調機關全力追查他貪腐事證的關鍵時刻，突然意外遭到不明殺手狙擊，這樣的劇情描寫彷彿也像是在爲盧武鉉的死亡喊冤。

讓我們再從戲劇回到現實中，西方民主體制強調責任政治，但也重視政策的延續，而到了韓國卻轉變爲以「個人」爲中心的清算文化，每個執政者上台之後都要改變黨名，例如金泳三的「新韓國黨」、金大中的「新千年民主黨」、盧武鉉的「開放我們黨」、李明博的「大國黨」，以表示自己是重新開始，而這種斷代式的仇恨政治形成韓國特有的「親信資本主義」，這讓韓國的政策無法延續，也讓韓國陷入無止盡的政治輪迴當中，而韓國經濟自然也就在這種輪迴當中蹉跎。

從韓國看台灣，二〇〇八年馬英九總統執政後，開始調查前總統的貪腐疑雲；二〇一五年台北市長柯文哲上台後，也試圖釐清過去的BOT公共工程是否有任何問題。台灣會不會逐漸走向韓國清算文化的政治輪迴當中呢？

✱14✱ 韓國的「前」官員們

君不見韓國憲法規定總統任期一任五年，不得連任。而擔任部會首長時間短，也可以讓出更多的時間與空間，使更多人有機會來坐坐官位。難怪在韓國的學界，有過官職經歷的如同過江之鯽。

記得多年前我剛進學界，常有機會與韓國學者一起出席國際研討會，而每當交換名片時，總被他們「顯赫」的頭銜嚇了一大跳，因爲幾乎每一位韓國名校教授，名片上除了學校的職銜之外，常常都會寫上過去曾經擔任部會首長的經歷。例如，A教授曾經當過統一院院長，B教授擔任過通商外交部長，C教授當過青瓦台國家安全顧問。這種擔任過部會首長的高官經歷，讓我不得不對他們敬畏幾分，同時自己也對於剛出茅廬不久便能和這些外國前官員們同台與會，感到與有榮焉。

學而優則仕，是古今中外千年不變的法則，特別是在深受儒家文化影響的韓國。但久而久之，我卻也不禁思考：怎麼韓國的前官員這麼多？

有一次我在好奇心驅使下上網搜尋，發現這些前部長們過去擔任官職的時間，其實都相當短暫。例如，A教授於二〇〇二年五月到十二月擔任統一院院長，時間只有七個月。B教授於二〇〇四年一月到五月擔任通商外交部長，時間也不到半年。C教授於二〇〇五年九月到十二月擔任青瓦台國家安全顧問，時間更是不到四個月。

接下來，我也查看其他部會的首長，發現幾乎所有韓國行政首長任期，其實都相當短暫，連韓國的最高行政長官——總理，也不例外。可以說官員的任期短，在韓國並非是特例，而是通例。

這也難怪許多研究韓國的專家，向來都只記得韓國總統的姓名，而根本不知道韓國的總理是何方神聖，更遑論去記得韓國的部會首長，因爲他們的輪替速度實有如旋轉木馬般上上下下，也像唱卡拉OK一樣，大家輪流上台唱著同樣的歌曲。

由此可見，這些韓國學者們到政府部門擔任官職，其實並不在乎天長地久，只在乎曾經「擁有」。這種在乎「擁有」的心態，讓韓國人在做事的態度上總顯得急功近利。例如，曾經與韓商及日商做過生意的人都知道，日本人一向慢熱，因此和日本商人做生意，他們著重彼此信任感的建立，一旦取得對方的信任，經常能夠成爲長期的事業夥伴。而韓國人則是快熱，很快便能和對方推心置腹，但之後當失去買賣關係時，韓國人便會斷然拂袖而去，琵琶別抱。也就是在這種極度在乎「擁有」的心態上，讓韓國人顯得有些絕情。

另外，對韓國人來說，「擁有」也是一種實用主義的體現，例如韓國學者「擁有」擔任政府官員的經歷，不只可以讓他在職涯發展上加分，最重要的是可以贏得他人的「尊重」，在這種渴望被他人「尊重」的心態下，韓國人自然凡事都要追求第一，而不在乎過程是否符合正義，手段是否正當。這就是韓國人在運動場上經常以偷天換日的方式求勝的主要因素，也是當韓國在近幾年經濟崛起之後，以爭奪註冊世界遺產，來與中國大陸搶當文明大國的主要原因。

官職如同政治分贓的資源

也就是在企望他人「尊重」的心態下，讓韓國人一向愛好面子而不喜歡裡子，做事追求「數大便是美」，重視外觀的壯麗卻忽視內涵的培養，因爲裡子外人看不到，他人也沒有時間來探究裡子的眞假。因此，常常有人認爲韓國人自大膚淺，習於以外表來判人高下。

也正因這種「外觀至上」的文化下，讓韓國人通常只注重表面工夫，相信眼見爲憑。對韓國學者來說，有份亮眼的頭銜，就如同在枯槁的臉上畫上艷麗的濃妝。因此，只要能夠引起他人的尊重與矚目，韓國人對於擔任官職的時間長短與否其實並不在乎，特別是韓國人講究團結，一向重視輪流共享，只要有好東西都會盡量讓大家有機會分享，君不見韓國憲法規定總統任期一任五年，不得連任。而擔任部會首長時間短，也可以讓出更多的時間與空間，使更多人有機會來坐坐官位。難怪在韓國的學界，有過官職經歷的如同過江之鯽。

韓國人重視表面頭銜，極度渴望贏得他人的尊重，最重要的是這些表象，是他們「自信」的來源，這也是當今韓國整形文化如此盛行的主要原因，父母在小孩上中學的時候通常就會主動帶他們去整形，因爲在韓國，整出一張漂亮的臉，不只讓自己有自信，也是一種尊重他人的表現。

只是，若過度重視表面工夫，就會常常流於浮誇與不眞實。而這種浮誇文化，其實在韓國俯首皆是。過去時常到韓國旅遊的人，通常只會到東大門購物，或是到韓劇拍攝的景點朝聖，不太會去參觀韓國的名勝古蹟，而近幾年，在經濟成長的帶動下，韓國政府積極推動文化之旅，試圖往文明古國邁進，也建設許多規模壯觀的博物館，但是在華麗的外觀下，我們卻發現裡面陳設的文物有些乏善可陳。

另外，在追求第一的心態下，也讓韓國喜歡和它國相比，例如前幾年，台灣媒體盛傳韓國大學生的起薪是新台幣六萬元，比起22K多出將近三倍。其實，只要比較台韓兩國平均國民所得，便可辨別出這個數據的眞僞，以二〇一四年來說，韓國的平均國民所得是二萬八千美元，台灣則是二萬四千美元，當韓國的平均國民所得只比台灣多出四千美元的情況下，韓國大學生的起薪根本不可能是台灣的三倍之多。韓國大學生起薪六萬，其實只是少數在大企業上班的年輕人，但是韓國卻常常喜歡以偏概全，來誇大自身經濟的實力。而也就在這種浮誇的文化下，讓韓國時常追求超英趕美，訂定自不量力的經濟目標，同時也讓戰後以來韓國的經濟發展，時常呈現大起又大落的現象。

《市政廳》，輕鬆詼諧的韓國官場現形

在韓劇當中，探討韓國官場現形記最有名的當屬《市政廳》這部戲，由韓國知名演員車勝元及金宣兒主演。這部戲的主要劇情是描寫一位從小立志要當總統的精英公務員趙國（車勝元飾），碰上一位胸無大志的地方公務員辛未來（金宣兒飾），他們之間所擦出的政治火花與羅曼史。這部戲雖然以韓國政治為故事背景，但在加入愛情戲的元素後，卻令人發現所有的政治鬥爭其實皆來自於人性，無法超脫人間的悲歡離合。

劇中，男主角趙國是前執政黨主席的私生子，在父親的政治野心之下，安排他到偏遠的仁州擔任該市的副市長。趙國在市政廳中巧遇位階比他低十階，只有十職

等（最低階）的公務員辛未來，而個性天眞單純的辛未來卻深深吸引著看慣政界勾心鬥角醜陋一面的趙國。然而，另一方面，趙國爲了自己的下一場選舉，在他的策畫謀略下，將毫無心機的辛未來，一步步地推上仁州市長寶座。

《市政廳》這部戲在編劇金銀淑的巧妙安排之下，在韓國創下二〇%的高收視率，且劇中人物的對白也成爲該劇特色，這些話不僅深深觸動韓國人的內心深處，也可說是韓國民族性的最佳體現。例如，劇中辛未來標榜的咖啡政治學，她說：「比起杯中所盛的咖啡，外人更容易被華麗的杯子所誘惑。」韓國人不是一向重視外表更甚於重視內涵嗎？又如趙國的父親教導趙國：「在政治場域，只要不把頭抬起來，卑躬屈膝就會成習慣。」這不正是韓國追求勝利，不擇手段的最佳寫照嗎？又如趙國對辛未來說：「政見只是用來讓你當選，而不是讓你遵守的，你當選後第一個要廢除的，就是政見。」韓國每位新總統上台之後，不都先找前總統開刀立威嗎？這是韓國清算政治的傳統。

由此可見，韓國前官員眾多的原因，有外觀至上的傳統，也有面子文化的作祟。

再從韓國看台灣，台灣這幾年也時興從學界借將，但是他們的上下替換卻也如走馬燈，使得政策推動常常人走政息，無法有效延續。台灣政壇逐漸走向「韓國化」，對學者的生涯歷練來說也許是一件好事，但對台灣的國家發展來說，卻不是如此。

＊15＊ 歷史課綱與轉型正義

當高中歷史課綱議題正在台灣鬧得沸沸揚揚的同時，韓國總統朴槿惠也突然宣布，將過去由民間出版的國高中歷史教科書，從二〇一七年開始改由政府統一編印，爭取歷史的詮釋權。

歷史眞相，是一個民族的共同記憶，也可以是一個國家轉型正義的第一步。當高中歷史課綱議題正在台灣鬧得沸沸揚揚的同時，韓國總統朴槿惠也突然宣布，將過去由民間出版的國高中歷史教科書，從二〇一七年開始改由政府統一編印，爭取歷史的詮釋權。台韓兩國似乎心有靈犀，而教科書的爭議也成爲兩國政府共同面臨的難題。

朴槿惠這項教科書「國有化」政策，在韓國引發輿論一陣撻伐，也引起學生大規模示威抗議，認爲這是韓國民主化的大倒退，也是朴槿惠爲主的保守派人士，爲了要正當化過去日本的殖民統治，以及掩飾其父親朴正熙獨裁統治的過往。無獨有偶地，日治時期的歷史定位，竟同樣成爲台韓兩國爭辯的焦點。

但是與台灣不同的是，韓國政府似乎不爲所動，它認爲過去民間編撰的歷史教科書對於過往韓國近代史的詮釋，不但出現重大錯誤，也扭曲了歷史眞相，而韓國政府此舉主要在糾正這項錯誤，並培養青少年正確的國家觀，以及均衡的歷史認知。

從過去以來，韓國歷史的教科書都是由政府統一編撰，直到二〇一一年李明博政府時期，在社會多元化的考量下才逐步開放由民間編寫，但是各種不同意識型態的大鳴大放，竟然一發不可收拾，以致不到五年，這項措施便走入歷史。

而從十九世紀以來，韓國與台灣似乎步入相同的歷史軌跡，台韓兩國都同樣接受過日本的殖民統治，兩國也都在戰後經歷軍人的威權統治，在意識型態及既得利益者的刻意扭曲下，台韓兩國內部，自然也就對這兩段歷史出現截然不同的兩種詮釋。這是歷史多元化下的產物，也是眞相越辯越明的道理，但是在政治的放大鏡下，許多論述卻都變得居心叵測。

例如對日本的殖民統治歷史，在台灣有親日派與反日派兩種不同觀點，親日派認爲日治時期奠定台灣現代化的基礎；反日派則著重在日本政府對台灣人民的高壓統治。親日是本土的民進黨，反日則是曾與日本抗戰的國民黨。

而在韓國，也同樣有親日與反日兩種聲浪，只是不同的是，親日派是現今以大國黨爲主體的保守政權（執政黨），反日派則是自由派路線的民主人士（在野黨）。

反日派認爲在日本殖民統治時期，韓國部分人士與日本相互勾結，並因此獲得龐大的政經利益，而這些人在日本戰敗之後並未受到政府的政治清算，反而依附在保守政權下扶搖直上，其所謂「部分人士」便是暗指朴槿惠的父親——朴正熙，而這些反對人士認爲，朴槿惠將教科書收回國編，最主要的目的就是想合理化親日派的政治路線，並有爲其父親平反的意味。

關於朴正熙的歷史定位三爭議

從過去以來，特別是在威權統治時期，討論朴正熙與日本之間的關係，不只是對領袖的大不敬，也是一項禁忌，但是在民主化之後，許多資料開始解禁，韓國人民才逐漸發現，一向反日的朴正熙，竟然還與日本有一段不可告人的過往。

原來，韓國的軍事強人朴正熙，在年輕時候曾經以高木正雄的名字（當時朝鮮仍受到日本殖民統治），就讀位在僞滿州國長春，由日本人所辦的陸軍士官學校，之後又到東京的陸軍軍官學校進修，朴正熙在軍校畢業之後，被分配駐紮在中國的熱河，隸屬僞滿州國第八軍團擔任少尉排長。

在一九四五年日本戰敗之後，朴正熙所屬的第八步兵營，身爲日本帝國的最後軍人，不但拒不投降，反而還槍殺當時前來接收的蘇聯紅軍，但之後在蘇聯大軍的圍剿下，朴正熙便喬裝成朝鮮難民前往中國北京，而當他的日軍身分被國民黨特務機關識破之後，便轉以戰犯身分被羈押在勞改營，直到一九四六年間才被遣送回朝鮮。朴正熙與日本軍國主義的曖昧關係，成爲韓國歷史教科書的第一個爭議點。

而當朴正熙回到朝鮮之後，便考進當時韓國的陸軍士官學校，成爲戰後韓國培養的第一批軍官，畢業之後朴正熙被派到全羅道的麗水，擔任韓國陸軍第十四軍團參謀長，但是在一九四八年卻爆發「麗水起義」，韓國陸軍第十四軍團也參與了這場軍事政變，因此，朴正熙便被政府當局懷疑是北韓間諜，被韓國軍事法庭判處死刑。但一年之後卻又突然被無罪釋放，而重新回到陸軍的朴正熙，便一路扶搖直上，最後官拜少將司令官。因此，有人認爲朴正熙當時是以供出同黨來換取免罪，這是韓國歷史教科書對朴正熙評價的第二個爭議點。

到了一九六一年，當時身爲陸軍副參謀長的朴正熙，以綏靖之名發動「五一六軍事政變」，推翻當時的文人總統張勉，開啓二十多年的軍事威權統治。在朴正熙執政期間，他爲了打擊異己，便設立一個由他直接控制的特務部門──「中央情報部」來監控民主異議人士，同時也以反革命的罪名，大舉逮捕四十多位高級軍官，以徹底清除政敵。

一九七一年的總統大選，朴正熙雖然操縱了選舉，但竟然還只以不到八％的差距，險勝當時的民主人士金大中，這讓朴正熙嚇出一身冷汗。爲了要徹底打擊反對人士，朴正熙便以北韓軍事威脅爲理由，宣布緊急戒嚴令，並在這個命令之下，不但解散民選國會，禁止所有集會遊行，同時他還制訂《維新憲法》，讓自己的總統任期能夠無限期連任。

在政權穩定之後，朴正熙便專心對付他政壇的最大敵人，金大中。他在一九七三年透過中央情報部，製造名聞中外的「金大中綁架事件」。該年八月，金大中應民主統一黨的邀請，赴日本東京參加一場公開演講，當時金大中住進飯田橋的皇家格蘭飯店，卻遭不明人士綁架，隨後被帶到日本神戶，緊接著被抓到停在港口的一艘韓國船隻龍金號上，並隨即開往公海。

當時金大中被迷昏，兩腳也被繫上重物，韓國特務人員打算當船行駛到公海上時，便將他丟到海裡，但是這項舉動卻被日本政府發覺，並派海上自衛隊加以追逐，並鳴笛示警，韓國特務只好取消殺人滅口的意圖，而將船隻開至釜山港，隨後將金大中釋放。金大中雖然幸運地被解救，但是在船上的韓國特務對他施以嚴刑拷打，日後對他的健康造成終生傷害，直到他去世前，走路都還是一跛一跛的。而朴正熙在威權統治時期，雖然創造了「漢江奇蹟」，但是他製造白色恐怖、打擊政敵，使得他的功與過，成爲韓國歷史教科書的第三個爭議點。

其實，朴槿惠可以政府的公權力，透過教科書國有化來淡化其父親朴正熙軍事獨裁政權壓制民主化勢力的作爲，但她卻無法箝制韓國年輕世代對於歷史事件的認知。由這次的教科書爭議，可以看出韓國雖然已經成爲全球第八大經濟體，但是關於轉型正義，似乎還有一段漫長的路要走。

《華麗的假期》，描述光州事件始末

在韓國電影當中，討論過去軍人威權統治歷史的相當多，而最有名的當是《華麗的假期》，這部電影主要講述一九八〇年在韓國光州所發生的民主化運動——光州事件，當時韓國軍人對手無寸鐵的民眾進行血腥鎮壓，造成上千名民眾死傷，這是韓國戰後以來的最大規模的鎮壓事件。而這部電影的名稱《華麗的假期》，便是出自當時韓國總統全斗煥，向軍隊下達的鎮壓命令代號。

這部電影描述一位計程車司機姜民宇（金相慶飾），和就讀高中的弟弟姜振宇（李準基飾），兄弟兩人因為從小父母雙亡，便從此相依為命，在韓國光州過著平凡的生活。有一天，姜民宇在教堂做禮拜時，認識了一位護士朴申愛（李枖原飾），兩人相互萌生好感，並迅速墜入愛河。

在一九八〇年五月的某天，姜民宇邀請朴申愛一同到光州市區看電影，而這時正值韓國總統全斗煥發動雙十二政變上台，並宣布全國擴大戒嚴令，而在光州的街道上，不滿全斗煥的群眾已經開始聚集，抗議規模也逐漸擴大，軍警也在每個街口部署封鎖線，周遭充滿緊張對立氣氛。

正當姜民宇與朴申愛專注於欣賞電影的當下，突然一陣嗆鼻的煙霧開始籠罩電影院，姜民宇突然看到有一個抗議民眾掙扎著爬進電影院，隨後卻被後面趕來的士兵打倒在地，觀眾因而慌亂地逃出電影院，民眾的四處逃竄，讓軍人誤以為是另一場暴動，因此，有越來越多軍人開始不分青紅皀白地毆打民眾。

在姜民宇與女友逃出電影院之後，回到家發現弟弟振宇正準備去參加反政府遊行，在親眼目睹軍人兇暴行為之後，民宇為了不讓親生弟弟送命，便禁止他參加示威，但是當之後得知振宇的同學，也是他們兄弟的共同好友，被軍警毆打至死後，情緒難以平復的姜民宇也決定一同參加反政府抗議活動。

場景來到五月二十一日，當天上午大批光州市民來到全羅南道政府廳前進行示威遊行，在人群的推擠下竟激怒了韓國軍人，喪失人性的軍人開始對民眾進行大屠殺，而這時一位退伍上校朴興洙不忍看到軍民衝突，對以前在部隊工作的同僚建議希望能夠採用溫和手段，但卻被軍方拒絕，而最後振宇在這場鎮壓事件當中不幸死亡。在大批坦克掩護下，軍隊最終擊敗了市民自衛隊和光州臨時自治政府。

光州事件一共造成二百零七人死亡，二千三百九十二人受傷。雖然已經過了三十五年，在這期間韓國也歷經兩次政權輪替，但是歷史的轉型正義，卻遲遲沒有降臨。

第三部

從韓劇看韓國外交

＊16＊ 韓國的事大主義

不論是自由派執政時期的金大中與盧武鉉，或是保守派執政時期的李明博和朴槿惠，「事大主義」都是韓國操弄大國外交的一根重要槓桿，這是小國無法選邊的政治宿命，也是韓國身處大國夾縫中的生存之道。

二〇一五年韓國總統朴槿惠不顧美國強烈反對，執意參加中國大陸舉辦的九三大閱兵，成爲習近平的座上賓。之後她又風塵僕僕赴美參加「美韓領袖高峰會」，與歐巴馬總統談笑風生。就在中美兩國在南海緊張對峙之際，朴槿惠竟能遊走中美兩大國之間。

其實從過去以來，如何與大國周旋的「事大主義」便一直是韓國外交政策的基軸，不論是自由派執政時期的金大中與盧武鉉，或是保守派執政時期的李明博和朴槿惠，「事大主義」都是韓國操弄大國外交的一根重要槓桿，這是小國無法選邊的

2015年9月朴槿惠訪問中國，與中國國家主席習近平會面。

政治宿命，也是韓國身處大國夾縫中的生存之道。

從文化的意涵來看，「事大主義」其實是韓國人先天的基因，也是韓國在儒家文化薰陶下的極致表現，它源自於韓國性喜兩邊都討好的獨特民族性格，它不同於日本武士道講究忠義、榮譽的精神，因爲通常在面臨強弱對比鮮明的情況下，日本人通常會選擇以小搏大，一旦輸了，日本人不是切腹自殺，就是轉而徹底臣服。

而韓國人通常會選擇委曲求全，絕不以卵擊石，他們會採取侍奉強者的方式，刻意追隨強者的路線，維持自身的生存，這是韓國現實主義的外顯，也是韓國人利益取向的表現，這讓韓國人目中只有強者，而鄙視弱者，眼中只有大國，而無視小國。由此可見，日本人是外表溫和柔弱，內心卻堅毅如鋼；韓國人是外表強悍，內心卻顯得柔弱。

從歷史角度來看，韓國「事大主義」的傳統，起源於過去朝鮮長期奉中國爲其宗主國，當中國國力強大時，朝鮮便會稱中國爲「大中華」，而自詡爲「小中華」。朝鮮不但把自身當成是大中華圈的一環，也把自己當成是儒家文化的一員，亦步亦趨追隨中國對外擴張的腳步。但是，當中國內部出現動亂，國力逐漸衰微時，朝鮮便會開始出現叛亂行動，同時也心猿意馬地尋找另一個侍奉的大國。

這種「小中華」的思想深深影響朝鮮的意識型態，一直到十九世紀中期，當日本明治維新成功之後，當時的高麗王朝仍然極力主張效忠實力較強的清朝，反對日本政府對其內政的干預，因此，李氏王朝便被稱爲「事大黨」，可是當甲午戰爭中國戰敗後，朝鮮卻翻臉如翻書般，立即拆除過去爲迎接中國入主的「迎恩門」，把事大的對象巧妙地從中國移轉成日本。由此可見，韓國「事大主義」相當具靈活性。

軍事靠美國、經濟靠中國

到了韓戰爆發之後，朝鮮半島被畫分成南北韓兩個國家，南北韓也各自找到彼此「事大」的對象。北韓雖然自稱信奉主體思想，標榜自我做主，但是若沒有中國的經濟援助，北韓是很難生存下去的。

而韓國雖然也自詡爲不選邊，但是在北韓的軍事威脅下，韓國仍然與美國簽署

「美韓軍事同盟」，躲在美國的保護傘下。且韓國為了證明自己是十足的親美派，韓國知識分子便開始到美國留學，更以進入長春藤名校為榮，也因此我們看到現今韓國的部會首長及大學教授，幾乎都是美國長春藤名校畢業生。韓國的「事大主義」是如此徹底。

到了二〇〇〇年中國大陸崛起之後，韓國為了搭上中國經濟成長的列車，便主張「軍事靠美國、經濟靠中國」，以同時侍奉兩個大國為外交主軸，把「事大主義」發揮得淋漓盡致。而在另一方面，韓國人也開始把留學中國視為其主要志願，根據二〇一五年的最新統計，韓國留學生人數已經高居留學中國大陸的外國留學生首位，從這點可以看出韓國的「事大主義」不只是政府的主張，更像是一種全民的運動。

再從生活面向來看，韓國的「事大主義」也體現在生意買賣上。曾經同時和日韓兩國打過交道的人都知道，和日本人做生意，沒有經過共同的朋友介紹，是很難打進他們的供應圈的，就算進到同一個圈子，也需要經過一段長時間的磨合。但是當彼此的信任感建立之後，人際關係便會逐漸凌駕彼此的利益關係，就算經歷許多變故也不會輕易改變。

反觀韓國是一個讓人覺得相當熱情的民族，和韓國人打交道，就算彼此不熟悉，韓國人一開始總會表現得相當親切、熱絡，如同在他鄉遇故知。但是一旦牽涉到具體的利益關係，韓國人總是會斤斤計較、公事公辦，等到您日後想要漲價，韓國人可是會逃之夭夭，易熱易冷似乎已經成爲韓國民族的兩面性。可見韓國的「事大主義」，其實是源於自身利益的維護。

而韓國人不僅在生意上表現出「事大主義」，連在人際關係上韓國人也相當重視對方的身分與地位，這也造成當韓國人在建立關係時，總是希望能夠立刻見到最高層的主事者，而不願意花太多時間與底層的人員打交道。例如韓國官員每每來台灣訪問，總是希望能夠見到總統，而能不能與總統會面，通常成爲韓國政府評定我國是否重視台韓兩國關係的重要基準。

有一次，我的一位韓國朋友希望我能幫他在台灣尋找合作的企業夥伴，我幫他連繫該企業的總經理與他會面，但是那位韓國朋友似乎不太滿意，雖然我一直告訴他這家公司是採取總經理制，董事長只是虛位，因此總經理才掌有實權，能夠決定所有事務，然而我那位韓國朋友仍然執意要與該公司董事長會面，因爲從他們的角度來看，最高層級人士能夠與他們見面，代表他在這家公司眼中的分量。

就在這種「事大主義」的薰陶下，連韓國在台的留學生都沾染上「事大主義」的習性，例如在台灣的韓國學生找指導老師時，通常不以學術專長爲基準，他們極度迷信官大學問大，因此，他們都會找校長或是院長來擔任他們的論文指導老師。這種情況有多嚴重呢？記得我在政大擔任國際關係研究中心亞太所所長時，有位韓國籍學生主動找我擔任他的指導老師，雖然他沒上過我的課，但我考量他是外籍學生，同時研究領域也與我的學術專長相符，於是便收他爲指導學生。但是到了隔年，當我卸下行政主管職時，這位學生突然人間蒸發，後來才知道他又另外找了下一任所長來擔任他的指導老師。可以說韓國人的「事大主義」，深深影響著韓國人的行爲舉止。

《明成皇后》，大國夾擊下生存之道

在韓劇當中，可當成韓國「事大主義」參考的，當屬《明成皇后》。劇中不僅描寫明成皇后的坎坷人生，也敘述宮廷政治的險惡，更描繪當時朝鮮夾在中日兩大國之間的生存之道。雖然有些劇情也許偏離史實，過度美化韓國的處境，但是仍然可從中了解朝鮮最後一個王朝，如何將「事大主義」發揮得淋漓盡致。

《明成皇后》是由韓國ＫＢＳ二台在二〇〇二年推出的年度大戲，同時也是該年該台收視率排行榜冠軍。這部戲主要敘述朝鮮時代最後一位國王高宗及其妃子明成皇后，和高宗生父大院君的故事，由韓星崔明吉、李美妍、文瑾瑩，以及劉東根主演。

明成皇后是朝鮮最後一個封建王朝——李氏第二十六代國王高宗（李振宇飾）的皇后，明成（李美妍飾）比高宗大一歲，十六歲時嫁給高宗，入宮的前三年，高宗寵愛後宮李尚宮，對明成百般冷落，當時的大院君（高宗之父，劉東根飾）爲高宗選擇妻子時，儘管並不特別中意明成，但由於明成是寡母養大，又沒有引以爲患的外戚勢力，大院君便挑中明成為皇后。

而在明成進入中年後，又有一位強敵出現，皇帝開始迷戀年輕貌美的鄭尚宮（金世雅飾），明成為了保住后位，只有生下太子一途，但她的產子之路卻異常艱辛，她曾經懷孕四次，但只有一胎順利活著。在生下太子之後，明成皇后便主動出擊，開始與大院君進行激烈的政治鬥爭。大院君親信炸死明成的母親與兄長，而明成則試圖逼退大院君，因此與趙太后聯手。但沒想到，隨後趙太后也企圖干政控制高宗。為了抵禦趙太后的勢力，明成最後回頭與宿敵大院君合作，終於鞏固了她的政治地位。

在這部戲中，也出現了我們在歷史課本中讀過的人物，例如清朝駐朝鮮總督袁世凱、北洋大臣李鴻章，以及日本首相伊藤博文。在這部戲當中，清朝的袁世凱被描寫成是一位不請自來的外來「侵略者」，處處干涉朝鮮內政，這讓懦弱的高宗突然變得氣蓋山河，寧可被父親的叛軍殺掉，也不願接受清朝的軍事援助，與史實當中記載高宗連夜進京尋求清兵援助，以抵抗日本的侵略有著相當大的出入。可見《明成皇后》的劇情試圖強調朝鮮的主體性，掩飾當時朝鮮採取「事大主義」的事實。

韓國雖然能夠在戲劇之中盡情塑造韓國的主體性，讓韓國人沉浸在戲劇描繪下的大國夢當中，但畢竟這只是一部戲。當韓國人從戲裡的夢醒來之後，還是得面對韓國夾在中美兩大國之間的兩難局面。

＊17＊ 台韓的瑜亮情結

很多人可能不知道，其實在多年以前，台灣與韓國的關係是相當友好、密切的，甚至還互稱「兄弟之邦」。

台灣人一向不太關心國際間的大小事，但是卻很喜歡和外國比，而近年來，我們最喜歡比較的對象，應該就是鄰近的韓國。我們常常和韓國比較，哪一國的平均國民所得比較高？我們也常常與韓國爭論，誰是亞洲四小龍的最後一名？

也許是因爲韓國是台灣在國際市場上的主要競爭對手，或許是我們對近年來韓流的驚人力量感到吃味，也可能是我們對台灣這幾年來原地踏步的轉移心理，但其實更多是來自於台韓兩國的瑜亮情結，把韓國與抓耙子及比賽作弊畫上等號，對韓國產生相當大的心理偏見。這樣的心理情結，也出現某些台灣人雖然喜歡看韓劇、買韓服，但卻不太喜歡韓國的情形。

很多人可能不知道，其實在多年以前，台灣與韓國的關係是相當友好、密切的，甚至還互稱「兄弟之邦」。

台韓兩國既然互稱「兄弟」，在成長背景上自然有共通之處。首先，台灣與中國大陸關係密切，中間以台灣海峽分隔，而北緯三十八度線則切割了兩韓；其次，過去的台灣與韓國同是國際社會的孤兒，韓國一直到一九九二年才加入聯合國，台灣則至今仍被排除在聯合國門外；最後，過去的台灣與韓國，同是歷經軍事強人的威權統治，台

韓國第13任總統盧泰愚

灣由蔣中正父子統治三十九年，韓國則由朴正熙、全斗煥，及盧泰愚三位軍人統治三十二年。我們看到，在當時的台灣與韓國，彷彿就是國際間的一對難兄難弟。

說到其他不可思議的類似之處，首先，台灣與韓國都同樣從一九七一年開始全力發展經濟，蔣經國推動「加口出口區」政策創造「台灣奇蹟」；朴正熙也發展重化工業塑造了「漢江奇蹟」。其次，台灣與韓國都同在一九八七年推動政治民主化，蔣經國開放黨禁及廢除〈動員戡亂條款〉；盧泰愚爲了舉辦漢城奥運開放總統由人民直選。最後，台灣與韓國同時躋身亞洲四小龍，只是當時的台灣是龍首，韓國是龍尾。過去的台灣與韓國，眞有如同甘苦、共患難的最佳拍檔。

當時，台灣與韓國的關係到底有多「麻吉」呢?台灣第一座國際級大飯店——台北圓山飯店，在一九六一年落成之後，第一位接待入住的外國元首便是當時的韓國大統領朴正熙；韓戰結束之後，有多達一萬四千名的中共解放軍俘虜成爲反共義士，在一九五四年一月二十三日從韓國遣送到台灣，而當天便成爲「一二三自由日」。

另外，在兩岸相互對峙期間，韓國也常常扮演著中介角色，許多駕機逃離中國大陸的反共義士，他們的首要目標一定是先到韓國，唯有先踏到韓國的土地，才能順利來到台灣。而現今的韓國總統朴槿惠，她不但通曉中文，也因為其父親朴正熙的關係，與台灣的淵源相當深厚，她在擔任國會議員期間，不但曾多次到台灣訪問，還曾於一九八七年獲得台灣文化大學頒發榮譽博士學位。

台韓關係，剪不斷理還亂

正因為台韓兩國的發展實在太像，如同一對孿生兄弟，更如同一對如漆似膠的情侶，而在分手之後，彼此的恨意似乎更深了。一九九二年韓國政府在宣布與台灣分手（斷交）時，充分表現出韓國人務實又有點現實的特性，這個舉動嚴重傷害了台灣人的感情，讓許多台灣資深外交官至今談到這段歷史，都還咬牙切齒。

一九九〇年冷戰結束之後，意外地為韓國的國際空間敞開了大門，在美國及中國大陸的妥協下，它們於一九九二年決議同意南北韓同時加入聯合國，中國大陸釋出的善意，為中韓兩國建交露出一線曙光，而重新回到國際社會的韓國，在國家利益的考量下，決定西瓜偎大邊，拋棄台灣這個老友，而與中國大陸於一九九二年八月二十三日正式建立外交關係。

雖然我國政府早已從外交管道得知韓國即將琵琶別抱，但是讓我們最不能夠接受的，是韓國政府直到要和中國大陸建交當天，都還不願意告知台灣實情，而是到建交前一個小時才正式通知我國政府。當時，韓國政府不但限令我國外交人員必須於二十四小時之內離境，同時將我國駐韓國的大使館移轉給中國大陸，這座使館是屬於中華民國

韓國總統朴槿惠曾在1987年獲得台灣文化大學頒發榮譽博士學位。

的產權，並早從清朝袁世凱練兵便開始存在了。

韓國政府對待台灣這個兄弟之邦，斷交時間之倉促、斷交手段之激烈，讓我國政府深感背叛，台灣國內出現大規模的反韓示威遊行，我國政府在民氣可用之下決定與韓國斷航，也就是台韓兩國的國籍航空都不互飛，而由第三國的航空公司飛台北首爾航線，同時也禁止韓國班機飛越我國的飛航管制區。

一直到一九九九年，台灣發生九二一大地震，台灣與韓國關係才出現改善契機。在地震發生第一時間，韓國政府立即派遣一支十六人的急難搜救小組來台，協助我國政府在倒塌的廢墟當中尋找生還者，而當韓國搜救總隊長崔珍鍾抱著受困長達八十七個小時的六歲男孩張景閎走出來時，許多台灣人為這一幕留下感激的眼淚。

而當時載運賑災物資來台的大韓航空，則是一九九二年的台韓斷航後，首班飛抵台灣的韓國班機，之後我國政府開始與韓國進行復航談判，一直到二〇〇四年，台韓兩國才正式重新開通直航班機，距離斷航已過了十二年。

然而，台灣人不喜歡韓國，除了歷史因素之外，還有習慣以「上國」自居的心態來看待韓國。台灣人一向崇拜日本，但卻看不起韓國，常常把韓國當成小老弟看待，這種老大心態的源起，主要有以下三項因素。

首先，在抗戰期間，韓國的流亡政府，就是依附在國民政府下面辦公，並靠著國民政府的資助，協助訓練韓國軍隊，因此日後韓國的獨立，國民政府居功厥偉。其次，在韓戰期間，台灣雖然沒有派兵參戰，卻也挹注韓國大量民生物資，這也奠定韓國日後經濟發展的基礎，台灣功不可沒。最後，朴正熙在一九七一年實施重化工業政策，便是仿效台灣以專業官僚主導經濟發展的模式，當時韓國還派遣規模龐大的參訪團來台學習，韓國的漢江奇蹟，台灣正是幕後推手。

換句話說，從過去以來，韓國的各項發展都是遠遠落在台灣之後，但是在九〇年代之後卻開始改觀了。首先，在政治上，韓國接連突破國際的政治孤立，並成功舉辦一九八八年漢城奧運，讓韓國的國際能見度大幅提升；反觀台灣，在國際上還陷在中國大陸的政治打壓當中。在經濟上，韓國積極進行產業升級、推動品牌政策，讓韓國的人均國民所得大幅提升，並順利晉升「二〇五〇」俱樂部（人均所得兩萬美元、人口五千萬）；反而台灣，卻還走不出代工產業的迷思。

由此可見，台韓兩國地位的主客易位，再加上近期韓流席捲全球，讓韓國國際地位大幅提升，韓國似乎早已遺忘台灣這個昔日的競爭對手了，這也難怪韓國人會說，他們早已不是亞洲四「小」龍了。韓國的競爭對手早已不是台灣，而是日本。這樣的陳述，著實再度傷了台灣人的心。

《商道》，描寫韓國人獨特從商之道

在韓劇當中，描寫男女間見異思遷的分手故事並不少見，但卻很少觸及韓國人務實又有點現實的個性，有的話，也都是讓人恨得牙癢癢的大反派。因此，我想反其道而行，介紹描述韓國人從商之道的古裝韓劇——《商道》，來打破外界對韓國的刻板印象，解構韓國人獨特的從商之道。

《商道》這部戲，改編自崔仁浩的歷史小說，它與《大長今》《醫道》並列為韓國三大古裝劇，這部戲以十九世紀的朝鮮半島為背景，敘述當時朝鮮第一巨富林尚沃的發跡傳奇。自古以來，韓國經濟便由四大鉅商所掌控，其分別為「松商」

（開城）、「京商」（漢陽）、「灣商」（義州），及「萊商」（東萊）。而林尙沃便是出身於「灣商」，林尙沃個性長袖善舞，又懂得以經營官場人脈來拓展自己的事業版圖，因此有韓國的「胡雪巖」之稱。

這部戲的主角林尙沃（李在龍飾），從小愛好文學，並勤學中文，立志要成爲朝鮮第一「譯官」，但在遭逢家變之後，戲劇化地成爲灣商底下一家貿易商的低賤雜工。反應機靈又洞悉人性的林尙沃，很快地獲得灣商都房（相當於現今的總經理職位）洪得杜（朴仁煥飾）的賞識，由於洪得杜之前也曾經多次應考譯官落榜才轉爲商人，在有相同的背景下，兩人相識後便惺惺相惜，洪得杜於是教導林尙沃「賺取人心，比賺取金錢更爲重要」的從商之道，這道理日後也深深影響著林尙沃。

於是，林尙沃便本著道義與信用，繼承洪得杜成爲灣商的都房，之後又靠著熟練的漢語，及洞悉清朝想要壓低人參價格的計謀，因而接連擊退松商、京商及萊商，取得韓國人參銷往清廷的總代理權，進而成爲韓國的首富。在「商道」這部戲中，林尙沃不只是一名成功的商人，也是一名樂善好施的大善人，他在「兩西之亂」時，以高價向國外買鹽，再以極低價格發放給災民，因而廣得人心。

而崔仁浩在這部著作當中，以「財上平如水，人中直似衡」（對待財物要公平如水，做人要正直如秤），來對現今韓國大財閥爲了金錢，而無限制的擴張提出了警語，他認爲在商務活動中，應該要放棄貪婪之欲，奉行正直經濟道德。此部韓劇的誕生，是否足夠讓我們跳脫韓人總是現實的印象呢？

從韓國看台灣，知己知彼，百戰百勝，當我們一路唱衰韓國的同時，是不是也該捫心自問：我們是否曾經眞正用心地去了解韓國？

＊18＊ 日韓的恩怨情仇

二〇〇二年，我正在韓國擔任訪問學者，時任日本首相的小泉純一郎，以首相身分親自到深具軍國主義色彩的靖國神社參拜。當時我亦親眼看到首爾街頭出現大規模的反日示威遊行。

常到韓國首爾旅遊的人，大概都會發現，曾經受日本統治長達三十五年（一九一〇～一九四五）的韓國，如今竟然遍尋不著任何日式建築物，不像台灣到處都是保存良好的日式古建築，有的還被列為一級古蹟加以維護，就連現今供中華民國總統辦公的總統府，都還是沿用日治時期的總督府。

反觀韓國，為了抹去過去受日本殖民統治的不光彩回憶，早在一九四五年八月十五日日本宣布戰敗的那一天，韓國境內所有的日本建築物幾乎都被韓國人拆除殆盡，不留一磚一瓦，好像日本的殖民統治早已不再是韓國歷史的一部分。

然而，建築物可以摧毀，歷史記憶卻無法抹滅。過去日本對朝鮮半島三十五年的殖民統治，一向被韓國人視爲最大的國恥，每年的終戰紀念日，韓國國內也都會舉行大規模的反日遊行。過去殖民的回憶，彷彿仍是現今日韓兩國友好的最大障礙，相對地韓國人對於部分台灣人緬懷過去日治時期歷史的做法，感到相當不解。同樣的殖民統治，投射在台灣人與韓國人心境當中，爲何會出現這兩種截然不同的反差呢？主要原因在於過去日本殖民政府統治台灣與韓國手法的不同。

猶記得日本首位駐台民政長官後藤新平，曾說過台灣人「貪錢、怕死、愛面子」，因而任治不平，任亂不成。也基於台灣人的高度服從性，日本人在台灣便推動「皇民化運動」，以語言及姓氏的同化政策來改造台灣人的思想，同時也把台灣當成南向政策的基地，積極提升台灣的工業水平。

由於韓國人對外總表現出剽悍、不服從的民族特性，讓日本人在統治韓國時期吃足苦頭。日治時期在朝鮮半島，不僅於一九一九年爆發大規模的「三一獨立運動」，當時約有兩百萬韓國人參加此次活動，讓日本政府防不勝防；時任朝鮮總監的日本前首相伊藤博文，更早在一九〇九年被朝鮮愛國烈士安重根，在中國滿州的哈爾濱車站刺殺身亡。伊藤博文在一八九五年《馬關條約》當中以戰勝國之姿，對當時的清朝政府予取予求，讓中國不僅割讓了台灣，還賠了天價的兩萬萬兩，從此之後《馬關條約》成爲中國人的奇恥大辱，伊藤博文自然也成爲中國人民眼中頭號公敵。而身爲一個中國人的頭號敵人，最後竟亡於韓國人手中，歷史造化的確弄人。

也因韓國人民一再反抗，日本政府不得不採取高壓軍事統治。據統計，光是一九一九年的「三一獨立運動」當中，就有將近八千名

安重根於中國滿州的哈爾濱車站刺殺伊藤博文。

韓人被殺，三萬多人受傷，五萬多人被逮捕，連全朝鮮的監所都無法容納這些「罪犯」，必須將他們流放到天寒地凍的樺太地區（今日的庫頁島），這讓韓國人現在一提到過去的日本帝國總不由自主地咬牙切齒痛斥一番。

就在戰前的舊恨尚未逝去時，戰後的領土爭議卻如同新仇繼續縈繞著日韓兩國。

日韓間的領土爭議、慰安婦問題

一九五二年，獨立尚不到七年的韓國，便由當時的總統李承晚對外發表「海洋主權宣言」，把日韓兩國爭議的獨島（日本稱之爲竹島）正式畫入慶尚北道的領土，同時在島上駐紮警備隊，並射擊、驅趕在附近海域的日本海上保安廳的巡邏船。日本政府亦不甘示弱，把竹島正式畫爲島根縣領土，並強化對竹島的海上巡邏，日韓兩國的獨島爭議於是開始引爆。

比照台灣對釣魚台主權的曖昧不清，韓國人對於獨島的主權寸步不讓，著實讓我印象深刻。

還記得在二〇〇七年，我在政治大學舉辦一場東亞安全問題國際研討會，其中有一場便是要討論日韓的獨島爭議，我便邀請熟識的一位韓國學者朴炳光教授來台與會。我寫電子郵件給他，他卻久久沒有回信，於是便打電話詢問朴教授來台灣的意願，沒想到他竟然回說我在發給他的邀請函上把「獨島」的名稱寫成日本所稱呼的「竹島」，所以他不想來參加，除非我能將議程修改成韓國統稱的「獨島」。對韓國人來說，在領土主權爭議上，是連名稱都要斤斤計較，寸步不讓的。

另外在幾年前，韓國政府爲了要向人民宣示對於獨島的主權，於是命令韓國郵政局發行獨島紀念郵票，並且鼓勵韓國民眾一人一信貼上獨島郵票郵寄到日本去。此舉引起日本政府強烈抗議，由於日本政府並不承認韓國對獨島的主權，因此當日本郵便局收到來自韓國貼上獨島郵票的信件，便自動將所有信件退回韓國。日韓兩國就這樣，爲了小小的一張獨島郵票，一來一往，好不熱鬧。

然而，韓國人到底多仇日呢？二〇〇二年，我正在韓國擔任訪問學者，時任日本首相的小泉純一郎，以首相身分親自到深具軍國主義色彩的靖國神社參拜。當時我亦親眼看到首爾街頭出現大規模的反日示威遊行。

其中有五位年輕韓國壯漢，他們頭上綁著寫上「復仇」的白色頭巾，而爲了表達他們內心對小泉參拜靖國神社的憤怒，五人竟同時拿出小刀，以模仿日本黑道的方式在眾人的齊聲吶喊當中，把他們的小指切除。當我看到這一幕，內心著實受到相當大的震撼，也深深感受到韓國人剛烈的民族性。身體髮膚受之父母，但是爲了國家尊嚴，韓國人卻是全可拋。

近幾年，慰安婦問題持續的發酵，更是讓日韓關係雪上加霜。特別是在韓國第一位女總統朴槿惠上台之後，多次在國際場合上呼籲日本政府能夠正視慰安婦問題，並且向二戰期間被迫充當軍妓及慰安婦的受害者道歉。她認爲若要改善日韓關係，日本政府必須先解決慰安婦問題，但是安倍政府卻悍然拒絕韓國的提議，他認爲慰安婦議題，早在一九六五年日韓關係正常化的協議當中，就已經解決了。

韓國與日本雖爲鄰國，同時也是美國在東亞地區的兩大軍事盟國，然而韓日兩國關係卻因過去的歷史問題、領土爭議及慰安婦議題，遲遲無法緩和下來，這著實讓美國感到非常頭痛，也讓美國推動的「亞洲再平衡」政策下的美日韓戰略三角，頓時缺了一角。

《新娘面具》，大時代下的無奈惆悵

在韓劇當中，探討日本統治時期這段歷史最有名的，非二〇一二年韓國KBS電視台，耗資一百億韓圜所企畫的年度歷史大戲《新娘面具》莫屬。這部戲改編自韓國漫畫家許英萬的同名漫畫，由知名劇作家柳賢美編劇，並由周元、陳世娫、韓彩雅，及朴基雄主演。

《新娘面具》的劇情，主要敘述在日本殖民韓國時期，警員李江土（周元飾），因其父親從事獨立運動死於非命，原本期望可以振興家門的大哥李江山（申鉉濬飾）也因爲參加反日運動被日本軍警打成白癡，因而選擇效忠大日本帝國。而後，李江土卻因母親被殺害，自己又在不知情的狀況下射殺了戴著新娘面具的大哥。悲憤之餘，李江土最終決定戴上新娘面具，接手大哥未完成之大業。

而這整齣戲最主要的賣點，便是在當時的大時代之下，韓國人選擇親日與反日的兩難抉擇。李江土原本為了要讓大哥及母親能夠過著安穩的生活，選擇效忠大日本帝國，同時也努力學習武術，讓自己成為日本帝國的英勇警察，他認為今後自己應該就能遵循既有的道路，在日本政府的羽翼下，就此飛黃騰達。

但是造化總是弄人，李江土一切美好的盤算，都在接連失去大哥及母親等親人後開始出現巨大轉變。在失去至親的悲痛下，激起李江土內心的民族主義，而原本所追求的富貴人生，彷彿只是短暫的天上浮雲，他也發現原來大哥的理想與抱負才是自己日夜所追尋的。從此之後，李江土便從親日轉為反日，並戴上大哥的新娘面具，矢志為母親及兄長報仇。

女主角吳牡丹（陳世娫飾），本名為覃粉兒，她出身於韓國傳統反日運動的家庭，小時候曾和李江土指腹為婚，長大後兩人也彼此相愛，但在對日本的問題上兩人的態度卻是南轅北轍。李江土為了明哲保身而選擇親日路線，但吳牡丹卻毅然追隨自己的父親，從事地下抗日運動。

由於從事反日運動，吳牡丹屢次被日本軍警逮捕入獄，但都慶幸有一位愛慕她的日本軍警木村俊二（朴基雄飾）暗中保護著她，可惜落花有意、流水無情，吳牡丹心中的最愛始終是李江土。而最後吳牡丹爲了幫李江土擋子彈，竟然死在木村俊二槍下，癡情的木村在無限的懊悔下，最後以自殺方式了結自己的生命。

《新娘面具》這部戲，除了反映過去大時代的悲劇之外，也忠實呈現韓國人在面對個人生存及民族大義下所必須面臨的親日與反日的兩難。

反觀在台灣，我們也要問，除了以日治時期爲背景的《海角七號》及《KANO》之外，我們是否也欠缺一部忠實探討爲何台灣不同於韓國，而與日本較爲親善的歷史好戲？

＊19＊ 周旋的藝術：韓國的中庸之道

韓國雖是美國在亞洲的重要軍事盟國，卻從未看到韓國對現今美中兩國的南海爭端搖旗吶喊，韓國也並不十分積極加入美國主導的跨太平洋戰略經濟夥伴關係協議，似乎唯恐自身成爲大國政治角力下的祭品。

一個國家的外交政策，不但攸關自身國家利益，更牽涉到大國的政治角力。要行中庸之道，是何其困難！可是，如今它卻在韓國外交政策當中眞實體現。《中庸》是中國古代儒家的四書之一，行中庸之道、不偏不倚，若將這套準則運用於當今國際關係，我們發現二〇〇〇年後韓國成爲世界經濟大國，便常以儒家文化的正統自居，因此韓國的領導人出訪，不免要引經據典來強調自身的正統性。韓國總統朴槿惠訪問中國大陸，於北京清華大學演講時便以《中庸》爲本，強調國與國相處的君子之道。每個國家都有一個夢想，而現在我們卻看到韓國正以「不選邊」的中

韓國常以儒家文化正統自居，朝鮮王朝時期更設立成均館大學教授儒學，在裡頭就讀的學生則是儒生。

庸之道，來汲汲追求它的大國夢。

也許是身處大國環伺的特殊地理位置使然，或者是過去受盡大國殖民統治蹂躪的不堪回首，戰後韓國的外交政策，便從來不輕易選邊站。保持曖昧是其特性，維持等距更是其做法，這也是韓國雖是美國在亞洲的重要軍事盟國，卻從未看到韓國對現今美中兩國的南海爭端搖旗吶喊，韓國也並不十分積極加入美國主導的TPP（跨太平洋戰略經濟夥伴關係協議），似乎唯恐自身成為大國政治角力下的祭品。

而韓國是如何保持曖昧呢？美國是韓國第三大貿易國，中國大陸更是韓國最大貿易夥伴，在兩大難為小之下，我們可以看到韓國總統朴槿惠上台之後，便風塵僕僕地周旋於美中兩大國之間，利用二〇一三年是美韓結盟六十周年，同時也是中韓建交二十一周年，朴槿惠巧妙地運用這兩個時機，在就職不到一年時間，從美中兩國取得兩紙共同的宣言，這讓韓國取得美國在朝鮮半島安全的保證，同時也讓韓國得到進入中國大陸市場的鎖鑰。

那韓國又是如何維持等距呢？美韓同盟關係雖是韓國外交政策的基石，但中韓關係卻也是朝鮮半島安全的基礎，因此，從一九九二年中韓兩國建交之後，這二十年來中韓關係便每五年提升一次，從友好合作、合作夥伴、全面合作、全面合作夥伴，一直到最近朴槿惠訪問中國大陸時所達成的「中韓戰略合作夥伴關係」，而「美韓同盟關係」與「中韓友好關係」，在韓國總統朴槿惠的魔杖下，不但可以和平共存，竟還相安無事。

由此可見，保持曖昧是韓國取得政經利益的最大張力，維持等距更讓韓國可以輕易地左右逢源。每個國家都有一個夢想，朴槿惠曾說：「韓國夢與中國夢是一致的，它們不但可以攜手相行，還可以創造彼此經濟的共榮共繁。」那我們想要問的是：韓國如何善用中國大陸的十三億人口，構築它的經濟大國夢呢？

韓劇《來自星星的你》在台灣掀起一片熱潮，劇中「都教授」「千頌伊」更成爲大家日常閒聊的關鍵字，而在韓劇慣用置入性行銷手法下，劇中男女主角所使用的隨身配件及用品更是頓時洛陽紙貴，成爲眾人搶購目標。

這部偶像劇大受歡迎的主要原因無他，就是中國大陸八億收視人口的推波助瀾，韓國正利用中國大陸龐大的網路收視人口，將韓國戲劇推向全世界。這部戲在中國大陸到底有多夯呢？就連中國大陸的第一夫人彭麗媛都知道，因爲二〇一四年七月她陪同中國國家主席習近平訪韓時，曾對媒體說她和女兒都覺得習近平年輕時長得很像劇中男主角「都教授」。

善用鄰國，壯大自己

其實，這並不是韓國第一次利用中國大陸爲跳板，讓自身產品走向全世界。早在二〇〇〇年～二〇〇八年間，韓國政府也曾經利用中國大陸龐大的十三億消費市場，當成是韓國品牌的試煉場，把原本只是區域性的小眾品牌，利用中國大陸市場做爲形象包裝的主要場所，讓韓國產品一舉成爲全球知名的大品牌。

舉例來說，從過去以來，韓國現代汽車只是主打其國內市場的自有品牌，在國際市場的知名度及銷售量都相當有限，但是自從二〇〇〇年現代汽車取得北京市三十萬輛出租車的政府標案之後，不但奠定現代汽車的品牌形象，也成爲之後進入北美市場的敲門磚。

又例如韓國三星手機，目前是全球僅次蘋果的第二大品牌。三星公司原本只做電子零組件，而它所推出的第一代手機「貝殼機」，也是在二〇〇二年於中國大陸市場熱賣之後，進而成功將三星手機打入歐美市場，成爲國際性的大品牌。

由於發展品牌必須要具有一定的經濟規模，而韓國的人口只有五千萬，並不足以維持品牌的成長，因此，當韓國利用中國市場取得品牌優勢之後，便於二〇〇八年之後開始推展自由貿易協定戰略，利用與美國、歐洲及中國大陸等主要市場，簽署雙邊自由貿易協定，以打入該國的國內市場，爲韓國的品牌拓展經濟領土。

在這項自由貿易協定政策的指導下，近幾年韓國接連與世界第一大經濟體的美國、世界第二大經濟體的歐盟、世界第三大經濟體的中國大陸簽署雙邊自由貿易協定，此舉讓韓國的經濟領土從原來的五千萬人，大幅增加爲十七億人。

韓國品牌的優勢與崛起，改變過去日本主導技術、亞洲四小龍專職代工，以及中國大陸及東南亞提供廉價勞力的「東亞雁行分工體系」。過去，台灣與韓國企業爭相競標歐美大廠的代工訂單的景象似乎已不復見，轉而是台灣與中國大陸相互爭取韓國、日本，及歐美等品牌大廠的代工訂單。

現今韓國在國際市場的主要競爭對手，早已從過去的台灣轉爲日本，韓國的市場布局更從亞洲轉向全世界。這是韓國認爲自己早已不是亞洲四小龍的主要原因。由此可見，行中庸之道，善用鄰國優勢，成功讓韓國成爲世界經濟大國。

《海德、哲基爾與我》，曖昧周旋性格的展現

從以上敘述我們可得知，在國際政治上，韓國擅長利用等距外交來處理三邊關係，以獲得國家利益的最大化，那麼在現實生活當中，韓國人又是如何處理人與人之間的三角習題呢？其實，在現今的韓劇當中，談論三角戀情的愛情故事相當多，已成爲韓劇劇情的主要特色，而其中讓我印象最深刻的，當是二〇一五年推出的《海德、哲基爾與我》。

《海德、哲基爾與我》改編自李忠浩的網路漫畫《哲基爾博士是海德》，而這部漫畫又是源於英國文學家史蒂文生的名著《化身博士》，其主要內容講述一位具有雙重人格的患者，與一位女子陷入三角戀情的愛情故事，劇情雖然讓人覺得有點八股又缺乏新意，但在韓星玄彬及韓志旼入木三分的詮釋下，卻讓人看到韓國人面

對善與惡的曖昧性格。

「《海德、哲基爾與我》這部戲的主角具瑞鎭（玄彬飾）是一家主題樂園的經理，患有嚴重的雙重人格症，平常他是一個邪惡自私的男人，一旦遇到緊急事故血壓升高時他就會產生人格分裂，轉變成正義、善良的勇士——海德；而女主角則是馬戲團團長張荷娜（韓志旼飾），她的馬戲團在具瑞鎭的主題樂園下演出，她平時非常討厭具瑞鎭自私的行徑，但卻不知不覺愛上常會在緊急時刻出現拯救她的勇士，也就是具瑞鎭化身的海德。

在劇情一開始，馬戲團有隻猩猩突然暴走，讓遊客嚇得四處逃竄，而身爲遊樂園經理的具瑞鎭竟然不顧遊客安危，只顧自己逃命，最後由團長張荷娜挺身馴服猩猩。事後具瑞鎭對於馬戲團沒有做好看管猩猩的工作感到相當憤怒，執意要將工作人員解雇，不論張荷娜如何解釋都沒有用。

具瑞鎭不但冷酷無情，還異常膽小，有一次具瑞鎭要去找精神科醫師看病時，卻發現醫師被人打暈在地，這一幕剛好被張荷娜看到，壞人便轉而要追殺張荷娜，具瑞鎭看到張荷娜被追殺不但不願伸出援手，反而跑得比誰都快，甚至在千鈞一髮之際還拒絕讓張荷娜進入電梯，但是這種緊張場面頓時讓具瑞鎭血壓飆高，具瑞鎭在人格分裂症的催化下，頓時化身爲一位勇士，奮不顧身出面解救張荷娜。

從這部戲我們可以看到韓國人截然不同的兩種面貌，劇中讓具瑞鎭轉變面貌的是血壓，而在現實世界讓韓國轉變面貌的，自然就是國家利益。難怪有人會說，韓國人做生意有如川劇變臉，他們不會顧及人情義理，哪裡有利益，韓國人就會往哪裡去。可見韓國人的實用性格，以及韓國富彈性的外交政策。

從韓國看台灣，從一九九〇年至今，台灣卻接連兩次失去搭上中國大陸經濟成長的機遇，這是現今台灣競爭力遠遠落後韓國的主要原因。而台灣品牌無法利用中國大陸市場走向全世界，也是台灣當前薪資普遍無法提升的主要根源。

我們政府最常說，台灣的外交處境異常艱辛，如同在美中之間的鋼索上行走，一不小心便會跌得粉身碎骨。但是，看到韓國以行中庸之道的等距外交，以政治靠美國、經濟靠中國的周旋藝術，在美中兩強間左右逢源，我們能不警惕嗎？

第四部

從韓劇看兩韓關係

✷20✷ 韓國，脫北者的樂園？

爲了防止北韓間諜利用脫北者身分滲透到韓國，剛到韓國的脫北者不但不能與北方的家人連繫，還要接受公安部門定期訊問與安全檢查。這種信任感的落差，給他們帶來相當大的心理壓力。

猶記得有一年，我到韓國旅遊，與朋友在首爾一家烤肉店吃韓式烤肉。我們邊吃烤肉邊聊天，而在旁邊幫我們換鐵網的歐巴桑卻好奇地一直在看我們講話，這頓時讓我感到相當不自在，而我的韓國朋友卻習以爲常，只說：「別在意，她是北韓來的。」

這是我第一次看到北韓人，方方的臉、小小的眼睛、雙頰帶著些許雀斑，有點眞實，卻又不是那麼實在，而他們卻有一個共同名稱：脫北者，泛指逃離北韓到韓國的朝鮮人。這些冒著生命危險逃離北韓的人，到了韓國之後才發現資本主義社會其實是遠遠超乎他們的想像，早已習於計畫經濟體制的他們，不但很難找到合適的工作，還常常被韓國人排擠，而且就算找到工作，薪資也遠比一般韓國人還要低，他們似乎成爲另類「外勞」，只是長相、膚色是一樣的罷了。

而在韓國，要辨認出誰是北韓人，除了衣服裝扮之外，最直接的方式便是講話的口音，另外就是寫作時的文字用語，南北韓雖然都是使用韓文，但是在長期對立下，北韓人使用文化語，它沒有外來語，同時也絕少漢字，而韓國人則使用標準語，在西方文化影響下，標準語大量使用外來語拼音，也較常使用漢字，同時北韓人講話也帶著濃濃的咸鏡口音，與韓國南方的全羅口音是大不相同的，雖然剛開始接觸有點不習慣，但還是能了解對方的意思，這有點像中國大陸的北京腔與台灣國語之間的差別。

而除了外表的差別之外，在北韓長期封閉的體制下，剛到韓國這個資本主義花花世界之後，常常會帶給他們相當大的文化衝擊，大至無所不在的便利商店及處處可以使用智慧型手機付款，小至年輕人的潮裝打扮以及情侶之間親密的打情罵俏，無不時時讓他們瞠目結舌。然而生活習慣是容易適應與改變的，困難的是韓國政府對他們布下無所不在的政治監督，爲了防止北韓間諜利用脫北者身分滲透到韓國，剛到韓國的脫北者不但不能與北方的家人連繫，還要接受公安部門定期訊問與安全檢查。這種信任感的落差，給他們帶來相當大的心理壓力。

因此，他們通常只能隱姓埋名，斷絕與外界的連繫，孤立在社會的角落當中，靜靜地生活著，也很難打進韓國人的生活圈，而在這種充滿歧視的社會環境，難怪在韓國的脫北者輕生的新聞是時有所聞，而他們的自殺率更是全國平均的三倍以上，對許多北韓人來說，來到自由的世界，似乎是另一種的折磨。在北韓，是身體上的折磨，在韓國，則是心理上的煎熬。

從黑暗角落走向光明的脫北者

但是，現在脫北者在韓國的際遇似乎出現些許轉變，在韓國每個禮拜天晚上播出的高人氣綜藝節目「現在要去見你」，就是一例。這個節目每次都會邀請脫北的美女，每當看到攝影棚中一字排開外型亮麗的北韓天然美女，總是讓習於觀看人工美女的韓國人眼睛爲之一亮，而這些脫北美女不但會在節目中表演各式各樣的才藝，也會訴說她們在北韓的悲慘際遇，更會分享她們如何逃離北韓的艱辛歷程，這讓韓國人看著節目總是熱淚盈眶，開始對她們投以同情，而且能夠敞開心胸接納她們，而這些來自北韓的脫北者也漸漸能鼓起勇氣站出來，有人說之後走在路上，韓國人看她們的眼光都不一樣了。

的確，這些脫北者要拋家棄子，逃離極權統治的北韓，不但需要極大勇氣，還是一條充滿艱辛與痛苦的旅程。他們首先要趁北韓守衛不注意時，跑過結冰的鴨綠江，逃到中國境內，所以每年都有成千上萬的北韓人命喪鴨綠江上。

到了中國大陸之後，卻又是另一個故事的開始。許多北韓人的命運從此分道揚鑣，剛開始有人設法進入韓國駐瀋陽領事館，尋求韓國政府的政治庇護，但是近年來中國大陸加強對韓國瀋陽領事館的保護，這條路幾乎已經被封掉了；他們只好另闢路徑，穿越戈壁沙漠前往蒙古國的邊境，但是最近蒙古受到北韓政府的政治壓力，已經開始拒絕這些脫北者入境。

當然大多數脫北者進入中國之後，便設法定居下來，以隨時尋求到韓國的機會，男性會在朝鮮族聚集的村鎮打工謀生，女性會與當地的朝鮮族通婚，但是這並非永久之計，因爲北韓政府在中國的東北部署許多軍警人員，這些不會講中國話的脫北者很容易被他們識破，最後落入被遣送回北韓的下場。

而這些脫北者到中國，最主要便是要尋找韓國人設立的基督教會，以協助他們轉輾到韓國境內。韓國身爲一個基督教大國，常有教會或傳教士專門協助北韓人到韓國，例如首爾基督教團體二合一教會的創設者千基元牧師，便曾協助

有「北韓難民的辛德勒」之稱的千基元牧師。

脫北者策畫建立逃亡通道的網路「地下鐵路」，而被稱爲「北韓難民的辛德勒」。另外在韓國，也有超過三十個支持脫北者的組織，它們並不直接參與策畫逃離活動，而是在募集資金和製造輿論上，在韓國民間爲脫北者的權益積極發聲。

目前在中國大陸境內約有三萬名脫北者，他們大多集中在丹東邊境附近，而且每年都會以二到三千名的數目持續增加，但是眞正能夠順利到韓國定居的脫北者每年卻只有數十位，由此可見脫北者不只是南北韓內部的問題，也是中國大陸、蒙古及北韓的外交問題。

到韓國定居的脫北者當中，最有名的便是黃長燁，他原本是北韓最高人民會議議長，也曾經擔任北韓朝鮮勞動黨的書記，以及金日成綜合大學的校長，他在一九七二年，趁著一次到中國大陸訪問的機會，走進北京的韓國大使館投誠。黃長燁是脫北者當中有史以來最高官位者，他的投誠舉動，讓留在北韓的妻女因此自盡，其餘家人也被送往勞改營進行勞動改造，而這件事引起韓國政壇一片震撼，甚至還懷疑他的政治意圖，最後再經過一連串政治審查之後，確定他確實是投誠，韓國轉而認爲這是對北韓統戰的一大勝利！

黃長燁原本是一位北韓人民共和國的思想家，還曾以理論化金日成主體思想，獲得北韓政府的表揚，但是到韓國之後他逆轉而成爲反金日成主義大將，他不但主張推翻金正日政權，還抨擊韓國前總統金大中對北韓綏靖的「陽光政策」，更指責美國成立六方會談來解決北韓核武問題，是一項軟弱無能的政策。

黃長燁激進的政治主張引發北韓政府的震怒，金日成於是派刺客到韓國境內伺機暗殺他，韓國政府則對他的人身安全進行全天候的保護。但是在二〇一〇年十月十日，黃長燁卻被發現於家中的浴缸裡死亡，韓國檢方雖然認爲他是因心臟痲痺而自然死亡，但是他死亡當天，卻剛好是北韓勞動黨成立六十五週年閱兵大遊行的日子，這種巧合，讓人不由得懷疑死因是否由北韓間諜所爲。

而黃長燁過世後，韓國政府追贈他無窮花勳章（國民勳章最高等級），將其遺體埋葬在大田的國立顯忠院（忠烈祠）。但黃長燁的死，至今仍是個謎。

韓國只是另一個失樂園

在以脫北者爲題的韓劇當中，最有名的應是《愛在異鄉》，由韓星李鍾碩、陳世娫、朴海鎭及姜素拉主演。這部戲是韓國SBS電視台於二〇一四年間推出的迷你連續劇，主要描述生於南韓、卻在北韓長大的天才醫生朴勛，和南韓精英醫生韓在俊之間陰謀對抗的故事。

這部戲的劇情主要講述男主角朴勛（李鍾碩飾），在他童年時代和父親一起被綁架到北韓，在北韓期間，朴勛由父親一手培養成爲一位出色的胸腔外科醫生，而在他脫離北韓後，回到韓國最頂尖的明宇醫院工作時，卻因爲無法融入醫生集團，而成爲徹頭徹尾的異鄉人的故事。

在劇中，朴勛在北韓長大，也讀了醫學院，並且和宋在熙（陳世娫飾）成爲情侶。有一天，朴勛拿著鑽戒向女友求婚，宋在熙高興地收下這枚戒指。

之後朴勛精心打扮準備到宋在熙家，拜見未來的岳父岳母，卻發現宋在熙的家遭劫，朴勛擔心地到處尋找宋在熙，但是她卻下落不明。朴勛在某研究所裡持續做著臨床實驗，五年後卻發現一直尋找的宋在熙被當成實驗對象送進研究所裡。朴勛的父親安排朴勛與宋在熙逃亡至匈牙利布達佩斯，卻遭到北韓軍人追捕，宋在熙不幸被流彈擊中跌落橋下，朴勛及時抓住宋在熙卻也被子彈擊中肩膀，宋在熙不忍朴勛不願放棄，告訴他不要忘了自己後便鬆手跌落河中。

兩年後朴勛輾轉逃到韓國，並在首爾開了一家診所，同時朴勛也和一位同是脫北的女孩李清利成爲好友，李清利非常努力工作，她的最大願望就是把母親從北韓接到首爾來。

之後有一位脫北者組織的領導人林先生，幫助李清利找到了她的媽媽，並把她順利接到首爾來，母女倆再次碰面，激動地相擁而泣。有一天，林先生告訴朴勛，他的女友宋在熙仍然在北韓，要救出她的話需要一大筆費用。曾經目睹朴勛高超手術技術的某大學醫院胸腔外科主任文亨旭，透過清利得知朴勛爲了尋找初戀急需用錢，便拿出五萬美金，要朴勛到醫院就職並組織一個醫療團隊。而在此之前，朴勛已在該大學醫院見到與宋在熙幾乎長得一模一樣的女子韓勝熙，這個女子，難道正是朴勛日夜思念的初戀情人？

2013年2月，「脫北者」李炫秀在TED以《我的北韓逃亡記》為題，發表約12分鐘長的英文演說。

《愛在異鄉》雖然是一部杜撰的愛情故事，但是我們可以看到韓國上流階層對脫北者的鄙視。朴勛是韓國大醫院的名醫，都免不了會被議論紛紛，更何況只是一般市井小民的脫北者。

而在南北韓分離六十年之後，在意識型態及觀念的差異下，韓國早就不是脫北者最終的家，它彷彿只是另一個失樂園。

21 沒有他，我們無法活！：北韓造神鬧劇

北韓政府也在全國各地豎立許多大大小小的金日成銅像，特別是在平壤錦繡山紀念堂廣場上的金日成銅像高達二十三公尺，是全世界最大的人物銅像，這連前蘇聯的列寧及中國大陸的毛澤東可能都要大嘆不如。

日本民族是具有雙重人格的民族，因為他們禁止隨地吐痰，但在晚上酒過三巡之後，卻可恣意地在路上隨地小便；而他們在看到櫻花凋謝時會不自主地感動流淚，但是在侵略他國的時候，卻又是如此殘暴不仁。

其實不只是日本人具有兩面性格，它的鄰居韓國人，也是。雙重性格似乎不是日本的專利，而是東亞國家的天性。因此，我們可以看到韓國人身處威權統治時期，會表現得極盡柔順與服從，但是在自由開放時期，韓國人卻又勇於挑戰威權、衝撞體制，現今的南北韓就是一個鮮明對比。

例如南韓在民主化之後，把總統關進大牢似乎是司空見慣，但是在威權統治下的北韓，人民對領導人卻又幾近瘋狂的崇拜。可見韓國人的剽悍並不是與生俱來千古不變，而是隨著環境不同，呈現出不同的風貌。

也許是北韓封閉的環境所致，或者是北韓政府洗腦教育的成功，北韓人對於領導人的高度尊崇，著實讓人嘆爲觀止。北韓人民把領導人不只當衣食父母，也當成神一般地崇拜，而且是一尊無所不在的神。我曾經在電視頻道看過一部探討北韓現狀的節目，讓我至今仍然印象深刻。

這個節目是在講述奧比斯（ORBIS）在北韓進行醫療的故事。奧比斯是一個由各國眼科醫師所組成的公益組織，該組織認爲眼睛是靈魂之窗，失去視力不但會讓窮人永無翻身機會，也會失去活下去的勇氣，因此，其成立宗旨便是要巡迴世界各地，特別是第三世界國家，爲當地窮人進行免費的白內障治療。

那一年，在國際人權組織的努力之下奧比斯獲得北韓政府同意，進入封閉的北韓爲當地民眾進行眼睛手術。記得有一幕，是一位北韓婦女進行手術之後，當她揭開眼罩重見光明的那一刻，她激動得痛哭流涕，隨後她緩步走向前，不是向幫他動手術的醫師道謝，而是跪在金日成肖像前面，念念有詞地感謝金主席庇佑，讓她能夠重見光明。

在北韓，金日成及金正日的肖像幾乎無所不在，不論是在公共場所或是在私人住家，甚至是每個人的身上。此外，兩金的肖像亦是北韓密度最高的另類廣告看板。例如在每個北韓人的衣服上，都會別著金日成及金正日父子並列的紅色徽章，這個小徽章就如同制服，也是一個不可或缺的裝飾品，更是身體的一部分，遺失這個徽章，就如同失去生命。之前北韓發生大飢荒，北韓人身上幾乎所有東西都可以變賣，唯獨領導人的徽章是絕對不能賣的。

而北韓人通常會把領導人的肖像放在家裡最顯眼的地方，如同我們台灣在居家供奉神像，每天早晚膜拜。而北韓人每天最重要的工作，就是擦拭領導人的肖像，北韓公安部門也會不時進行突擊檢查，看看每位民眾家裡的領導人肖像是否依舊閃閃發光，假若肖像沾有灰塵，將會被視爲對領導人的大不敬，是要被送進勞改營的。

瘋狂領袖崇拜，毛列都要大嘆不如

領導人肖像對北韓人來說，到底多重要呢？根據一位脫北者的敘述，他曾經有位鄰居家中失火，在大火延燒的緊急時刻這位民眾竟然放著自己的父母和子女不救，反而再次衝進火場冒死把領導人的肖像搶救出來，結果家人全都命喪火窟，但他卻因此獲得領導人特別接見，獎勵他對領導人的效忠。北韓人的愚忠，實在讓人覺得不可思議。

由於北韓極度缺電，因此在晚上，北韓境內幾乎沒有燈火，而唯一仍然綻放光明的就只有無所不在的領導人肖像，因爲這象徵著領導人對民眾的眷顧，是永不熄滅的；而北韓政府也在全國各地豎立許多大大小小的金日成銅像，特別是在平壤錦繡山紀念堂廣場上的金日成銅像高達二十三公尺，是世界最大的人物銅像，這連前蘇聯的列寧及中國大陸的毛澤東可能都要大嘆不如。

而也正是北韓的金日成銅像無處不在，竟然練就北韓精湛的銅像製造技術，特別是北韓技工所塑造出那種領導人栩栩如生的表情，這種技術更是各先進國家所不

位於平壤錦繡山紀念堂廣場上的金日成銅像，是世界最大的人物銅像。

及，因此，巨大的人物銅像製造，竟也成爲北韓的一項技術輸出產業，許多非洲獨裁國家紛紛聘請北韓技工爲該國領導人建造銅像。銅像技工的大量輸出，目前已經成爲北韓主要外匯來源。這對北韓來說算不算是一種因禍得福呢？

而北韓人對於領導人的熱愛，最常體現在領導人生老病死的場合上，過年、端午及中秋是我們中國人傳統三大節日，而北韓每年最重大的節日不是依照節氣，卻是按照領導人的生老病死，例如在北韓，一年當中最重要的節慶便是四月十五日的「太陽日」，那天是他們偉大領袖金日成的誕辰紀念日。「太陽日」意謂領袖如同太陽般從東方升起。

「太陽日」雖然是四月十五日，但是北韓民眾卻是在四月初就要開始準備，不但要在家中進行大掃除，也要清潔鄰近街道、掛上巨大標語及飾品，以表示對領導人的尊重，而在「太陽日」當天，每個北韓人都要理髮、穿戴整齊，男生穿西裝、女生穿裙子，集合到萬景台參觀金日成的故居，瞻仰金日成的遺容，學習金日成生前的偉大事蹟，北韓政府也會成立稽查隊檢查民眾的服裝儀容，不達標者通常會受到懲罰。

不只人要應節，連植物都要配合，例如「金日成花」是印尼送給金日成的蘭花，也是北韓的國花，它原產自熱帶地區，但到了位處寒帶的北韓，卻必須放在溫室裡培植才能夠開花，而每年北韓爲了慶祝金日成的誕辰，溫室管理人員必須不斷地調校開花時間，以人工方式確保「金日成花」能夠在四月十五日當日璀璨盛開，這與日本的櫻花是依照自然節氣，大約在每年三月底左右盛開，是大不相同的。

而在「太陽日」當天，不但北韓民眾忙著慶祝，連北韓政府也沒閒著，在當天北韓政府會依例發放糖果餅乾給十二歲以下兒童，同時對大人來說當天也是一年當中最快樂的節日，因爲北韓政府會在當天進行升官加冕儀式，例如在二〇一〇年太陽日當天，金正日就晉升了上千位軍官。

另外，每年到了四月十五日「太陽日」，也是國際間最緊張的一天，因爲北韓每年都會選擇在當天進行大規模軍事演習，也會進行核子試爆，或是對外試射導彈，例如二〇一二年北韓便在太陽日當天，對日本海試射四枚中程導彈，讓北韓的佳節瞬間成爲各國的戰備日子。

《家門的榮光》，威權文化的探討

有關韓國人對於威權的崇拜，讓我印象最深刻的當是《總統的理髮師》這部電影。在劇中，當主角理髮師成漢甫的兒子因爲遭到情報官員的刑求，導致無法行走，他竟然誤信算命師的指點，誤以爲只要挖出總統的眼珠讓他的兒子服下，就可以重新走路，結果成漢甫竟然在朴正熙總統過世時，趁半夜無人走到總統遺像前，刮他的眼珠，並製成藥粉讓他的兒子服下，結果悲劇成爲喜劇，他的兒子竟然眞的能夠走路。可見韓國人對於威權的迷信與崇拜。

而韓劇當中，談論韓國人對於權勢的崇拜，最有名的當是《家門的榮光》，這部戲是韓國SBS電視台在二〇〇八年推出的大戲，由申久、尹晶喜、朴施厚及全盧民主演，講述韓國名門家族子孫們的故事。這些名門後代即使有些能力不足，卻各自使用自身方式來維持家族的精神面貌。

《家門的榮光》劇情描述河萬基會長（申久飾），一手振興已經沒落的河氏家族，雖然他並非河家親生子孫，但是他卻決心把河氏家族的精神傳承下去，然而他寄予厚望的孫子們並不爭氣，雙胞胎兄弟河修英及河泰英（全盧民及金成民飾）竟然在同一天因通姦罪在警局見面（弟弟泰英與女子通姦被妻子抓個正著，被員警押著走出旅館時正好看到大嫂與一男子從房間裡走出來），之後兩兄弟又雙雙離婚。

而孫女河丹雅（尹晶喜飾）端莊典雅，在大學教授民俗學，她十分喜歡傳統文化，可是卻偏偏遇到一位壞傢伙，他就是靠收舊貨、放高利貸發跡的暴發戶李萬甲之子，生性強悍好鬥的李康石（朴施厚飾）。

這部戲以傳統「名門世家」與現代的「暴發戶」做爲對比，在韓國名門世家常常會利用許多儀式及禮儀來維持家族榮光，而權威統治則是維持家族向心力的最主要手段，但是在西方價值的衝擊下，年輕一代自有自身獨特的想法與做法，這常常會與家族的價值觀相互衝突，因此，在這種大家族的長輩，是否能夠容忍不同的意見，便成爲家族和諧的主要關鍵。而在劇中，我們看到河萬基會長能夠以寬容的心態來看待晚輩的意見，同時也能做到不以自身的意見強加在兒女身上。由此可見，要維護「家門的榮光」還必須多點包容。

也許《家門的榮光》美化了韓國人對於威權的無限崇拜，但是時至今日，在韓國經濟體制極度扭曲的情況下，我們看到韓國年輕人以進入大財閥工作爲終生的志業，讓大財閥成爲政府之外的另一種經濟崇拜，也繼承了過去的威權崇拜，進而成爲另類的財閥崇拜。在財閥獨尊的情況下，不但扭曲韓國人的價値觀，也製造出另一種經濟階級的歧視。韓國人的財閥崇拜與北韓的領導人崇拜，或許相同的是，兩者都是崇尚威權心理下的產物。

22 金日成將沙子變大米：北韓洗腦教育

金氏政權深信洗腦教育必須從小做起，例如北韓小學一年級課本，便敘述北韓的國父金日成在小時候曾經騎著龍馬飛上天，還讓石頭從天上如雨般掉下，藉此擊退日軍。

當今全球僅存的四個社會主義國家中（緬甸、寮國、古巴及北韓），緬甸已經實施政治民主化，寮國也開始對外開放，古巴則與美國恢復外交關係，可見資本主義浪潮早已吹垮共產主義的圍籬，但唯獨北韓這座高牆，自由主義之風卻難以吹入，因爲它仍舊自我閉鎖，孤立於國際體系之外，這讓北韓有「隱士之國」稱號。

北韓到底有多封閉呢？北韓的國營航空公司高麗航空，只有經營平壤飛莫斯科、北京及瀋陽這三條航線，因爲中國大陸是它最重要的經濟支柱，而俄羅斯則是它重要的政治夥伴。在當前訊息傳遞無國界的情況下，北韓還能營造一個封閉體系，除了它遭受國際的經濟制裁之外，最重要的是來自於其無所不在的洗腦教育。北韓素來以洗腦教育來培養官員忠誠度以及人民的向心力，以維持金氏政權的穩定性。

而「效忠」是北韓洗腦教育一項重要元素。二〇一五年八月，在馬來西亞舉辦的東南亞國協部長會議當中，北韓外交部長李洙墉手拿菜單時，被眼尖的日本記者發現他的右手中指及無名指竟然各少了一截，據信是因爲李洙墉爲了向北韓最高領導人金正恩宣示他的效忠，自行切斷手指，這如同日本黑道因爲犯錯而自行斷指的懲戒。這也難怪北韓會被美國列爲「流氓國家」，因爲它如同另類的黑道治國。

但在北韓，光靠效忠還不夠，還得對領導人進行造神，而領導人神格化之後，便可讓人民對最高領導人無私效忠。北韓的造神，正如同古代的神話般神奇、夢幻，例如北韓前領導人金正日明明出生於前蘇聯的伯力，但北韓政府卻宣稱金日成出身朝鮮民族起源地長白山，同時他出生時天候大變，不但雷雨交加，同時出現多道彩虹。這在現代文明社會當中，正常人大多會覺得不可思議，但是在北韓人人卻對此深信不移，而也就是靠全民造神的洗腦教育，鞏固金氏家族的三代領導權。

在北韓，金氏三代政權透過電視和學校教育大肆進行造神運動，北韓人從小就被教育要敬愛領袖、仇恨美帝，上體育課時把石頭當成手榴彈來練投，連卡通裡也要用圓規和鉛筆化身槍砲，痛打美軍，即使是已經投誠十多年的脫北者，到現在一看到北韓電視節目，還會情不自禁流下眼淚。可見北韓洗腦教育有多麼的根深柢固。

金氏政權深信洗腦教育必須從小做起，例如北韓小學一年級課本，便敘述北韓的國父金日成在小時候曾經騎著龍馬飛上天，還讓石頭從天上如雨般掉下，藉此擊退日軍；而過去參加抗日武裝鬥爭時，在缺少糧食時金日成便將沙子變大米，在全軍陷入苦戰時，金日成也可以用松球製造子彈，還踩著樹葉過鴨綠江。

至於北韓最敬愛的領導人金正日更是厲害，他雖然體型矮胖，卻被北韓教科書描寫成運動高手，曾經在高爾夫球比賽中打出「一桿五洞」的絕妙球技，十八洞更只需花三十四桿，創世界最低桿紀錄，連老虎伍茲都望塵莫及，且金正日相當懂得進退，他創此驚人紀錄之後馬上封桿宣布退休，再也沒玩過這項運動。

金正日不只具有運動天分，還有操縱天氣及國際局勢的神力，例如北韓小學二年級的教科書上，便描寫金正日小時候有一次看到世界地圖上的北韓和日本都是相同的紅色，他憤而用墨水將日本塗黑，結果當天日本全境便陷入一片漆黑，還颳起一場暴風雨。

無敵金正恩！

雖然金日成及金正日父子都具有如此強大的神力，但是金氏王朝的第三代卻是相當不爭氣。金正日有三個兒子，老大金正男原本是欽定接班人，但是他的個性卻外向好動、不受拘束，還對北韓的敵國，日本的文化具有莫名崇拜與遐想，有一次他竟然拿著變造的多明尼加假護照偷偷入境日本，結果被東京機場的海關盤查，當日本政府知道他是北韓最高領導人的長子之後感到相當驚訝，當詢問他入境日本的目的，他卻說從小喜歡看米老鼠卡通，此行只是單純想到東京迪斯尼樂園遊玩。

金正男此次闖關日本不成被遣送回國的新聞曝光之後，不僅打破金氏王朝的神話，也讓金正日備感羞愧，於是將金正男剔除接班人行列當中，還將他放逐到澳門。然而，金正日的二兒子金正哲也相當不爭氣，他不但是個宅男，還沉迷線上遊戲，一點也沒有金氏王朝接班人的氣勢，更沒有乃父的凶狠政治作風，最後，金正日只好找他的三兒子金正恩擔任接班人，因為金正恩不但和他的祖父（金日成）體型相似，而且從他的眼神，彷彿依稀可以看到金氏父子殺人不眨眼的兇惡影子。

在二〇一一年金正日病逝之後，時年只有二十八歲的金正恩便成為北韓最高領導人，而對北韓人民來說感到相當陌生的金正恩上台之後，北韓政府自然依例要為他進行一連串的造神運動，以鞏固他在北韓人民心目中無可取代的領導地位。同時為了讓北韓人民對金正恩有絕對認同感，北韓政府規定男性必須剪成和金正恩相同的髮型（頭髮向後梳，並將耳上一寸的地方剃光，名為霸氣頭）。

根據北韓最新的小學教科書，〈金正恩的革命活動〉一章所記載，金正恩雖然年紀輕，卻是一位精通陸軍及海軍兵法的奇才，而且從小便展現過人天賦，例如他三歲便會射擊，還曾經在三秒之內連續發射十顆子彈，而且全都命中紅心；他六歲就會騎馬，馬術不輸蒙古大兵，同時八歲就會開大貨車，時速還常常超過兩百公里；九歲就會開遊艇，並在遊艇競速當中成功超越奧運選手。體型臃腫的金正恩不但懂得每一項運動，在籃球方面球技更勝NBA選手，不過他倒是相當崇拜前NBA名將丹尼斯．羅德曼，在掌握政權後曾多次邀請羅德曼到北韓訪問。

由於金正恩年紀輕輕又缺乏政治歷練，再加上老臣虎視眈眈在旁，因此他極度缺乏安全感，深怕這些老臣會隨時密謀政變，於是他便以極殘忍的手段來對付輔政他的舊臣，例如金正恩的姑丈張成澤，原本是北韓第二號人物，但因爲張成澤在軍方勢力過於龐大，於是金正恩竟在無預警情況下將他逮捕，

前NBA名將丹尼斯．羅德曼曾多次造訪北韓與金正恩見面。

並祕密處以「犬刑」。

另外，北韓軍方的第二號人物，人民武力部部長玄永哲，也因為在會議上與金正恩頂嘴，同時在出席官方活動時打盹，結果被冠上叛國罪名，遭到金正恩以高射炮公開處決的下場。

而在金正恩的恐怖統治下，連身在海外澳門的金正男也惶惶不可終日，深怕被金正恩暗殺，他為了自保，便史無前例地接受日本記者五味洋治專訪，並由五味寫成《父親金正日與我：金正男獨家告白》一書，金正男在書中透露他曾經躲過兩次胞弟金正恩對他的暗殺行動，一次是在奧地利維也納，結果被奧地利政府破壞，另一次在中國北京，結果也被中國政府制止。這本書是目前坊間唯一可以窺探金氏家族政治內幕的一本書。

《咖啡王子一號店》，韓國產品大勢發端

現今韓劇也逐漸以置入性行銷方式宣揚韓國產品，例如《來自星星的你》劇

中，女主角千頌伊喜愛吃韓式炸雞配啤酒，使得台灣掀起一股韓式炸雞風潮，同時也令外國人對韓國啤酒趨之若鶩。

而無所不在的置入性行銷，在韓劇《咖啡王子一號店》更是處處可見，這部戲是由李善美的浪漫小說改編，由韓星尹恩惠、孔侑、李善均及蔡貞安主演，劇中的咖啡館其實是位於韓國弘益大學回音小劇場旁，此劇也讓這間咖啡館一夕爆紅，成為哈韓族朝聖必去地點。

該劇描述一間咖啡店的新任經理崔漢杰（孔侑飾），為了讓原本門可羅雀的咖啡店業績起死回生，於是實行一個創新方案，將咖啡店服務生全部改為年輕美男子，於是為了幫忙負擔家計的高恩燦（尹恩惠飾）女扮男裝混進店裡工作，卻與崔漢杰共同譜出一段愛情故事。

乍看是一部老掉牙的愛情戲，但是魔鬼藏在細節中，因為這部總共十八集的戲裡，幾乎每一集都可以看到有人在吃著韓式泡麵，而且每個人都不約而同地用著小銅鍋來吃麵，同時還必定配著泡菜。

有時是媽媽在家裡吃，有時是街坊上暗戀媽媽的大叔在吃，更多時候是男女主角崔漢杰與高恩燦兩人搶著吃，更誇張的是劇中公司的女主管有天邀下屬到家裡訴說心事時，也從家中保險櫃拿出一個破舊銅鍋，開始邊煮泡麵邊說：「每當我遭遇挫折或碰到難關時，就會把銅鍋拿出來，回想當初的一無所有。」

因爲這部戲的推波助瀾，用銅鍋吃泡麵成爲哈韓族必做儀式，也讓每個到韓國旅遊的遊客，必定扛著韓式泡麵回國，而喜歡掃貨的陸客更把整箱銅鍋及泡菜一起帶回家。殊不知，這是韓國政府在與美國簽署自由貿易協定之後，爲保護國內農業及產業所實行的行銷手法，而韓劇，便成爲行銷的最佳手段。

北韓用誇張的政治神話對人民進行洗腦，而韓劇也正以美化的方式對全球宣傳韓國產品。可見韓國人的宣傳手法，確實很有一套。

＊23＊ 暗殺——兩韓領袖刺殺行動

韓國政府為報復北韓，也仿效北韓的一二四軍部隊，在仁川外海的實尾島招募死囚及愛國志士等各路好漢，成立「六八四敢死隊」，這些人在經過魔鬼訓練後，將祕密潛伏到北韓，執行刺殺金日成的任務。

過去兩岸對峙的年代，四、五年級生的共同記憶便是國內隨處可以見到「匪諜就在你身邊」「保密防諜」的標語與海報。台灣八〇後的年輕人想見到此情此景，大概只能在歷史教科書才看得到。

韓國其實過去也同樣經歷過這種處處防制北韓共諜的時代，只是韓國不像台灣和中國大陸隔著一道寬廣的台灣海峽，兩韓間只隔著一條三十八度線，北韓共諜只要挖個地道，就能輕易潛伏到韓國境內。

有一年我到韓國漢陽大學擔任訪問學者，休假時我常到韓國總統府青瓦台前

兩韓以北緯三十八度線為分界相互對峙。

廣場散步、拍照，順道到附近慶南大學極東問題研究所找資料。現今青瓦台的所在地，過去在朝鮮王朝是景福宮的後花園，也是舉辦科舉的場所，直到日本殖民時期，才設為朝鮮總督官邸，二次戰後成為美軍駐韓總司令的住所，一九四八年大韓民國成立之後，李承晚總統將此當做官邸兼辦公室，稱為「景武台」，一直到尹潽善總統主政時，因為其屋頂為藍綠色，才改稱「青瓦台」。

青瓦台坐北朝南，前有座小湖，背倚萬壽山，這符合中國傳統「前有照」「背有靠」的風水概念，韓國知名風水師朴峯讚便曾說過，戰後韓國歷任總統不是流亡海外，就是鋃鐺入獄，更有自殺身亡，最主要的原因就是青瓦台背後的萬壽山出現巨石裸露，這會導致韓國朝野黨爭不息、社會矛盾不斷，他認為唯有遷都到中部群山環抱的大田市，才能擺脫總統不能善終的政治魔咒。巧合的是，朴峯讚本身就是大田人，聽說他為了繁榮故鄉，才會有遷都大田的提議。看來江湖術士的風水之說，聽聽就好，不必太當眞。

青瓦台是國人到韓國旅遊必遊之地，但是位於附近的鍾路派出所，卻很少人知曉。其實，鍾路派出所在過去南北韓對峙時代，是一個相當著名的地標，因為在一九六八年一月，這裡曾經爆發震驚全韓的「一二一青瓦台襲擊事件」，這起事件讓時任鍾路派出所所長崔圭直，頓時成爲韓國家喻戶曉的民族英雄，且至今派出所旁都還豎立他的銅像，也保留當時槍戰的遺跡。

話說在距今約四十七年前（一九六八年），當時韓國朴正熙總統上台後，採取「親美反朝」政策，讓美軍大量駐紮在南北韓三十八度線的分界上，這讓當時北韓領導人金日成大爲不滿，於是在該年一月二十一日晚上，派遣總共

韓國總統府青瓦台

三十一人的特攻敢死隊（史稱一二四軍部隊），以祕密潛伏方式進入韓國，執行暗殺朴正熙的任務。

這群驍勇善戰的特種部隊以挖地道方式，成功穿越南北韓分界線，由於首爾市區距離三十八度線不到四十公里，而青瓦台又位於首爾的最北方，因此這批北韓敢死部隊，很快地一路挺進到青瓦台北邊的北嶽山麓，此時距離青瓦台的主體建築已不到三百公尺。

當時，鍾路派出所所長崔圭直正要下班，他開車經過北嶽山，剛好在山路轉角處碰到這群敢死隊，崔所長看到這群身穿野戰服的軍人，直覺以爲是韓國的特種部隊，但是依照規定，特種部隊應該部署在三十八度線，也不能擅自離開前線才對，且這些軍人腳上所穿的塑膠鞋，也與當時韓國軍人所穿的鞋大不相同。

於是崔所長便趨前盤問，不料卻遭對方開火反擊，崔圭直當場被擊斃。然而巨大的槍聲驚動了駐紮在北嶽山的韓國部隊，雙方爆發激烈槍戰，在人數優勢下，這群北韓敢死隊三十一人當中有二十七人當場被擊斃，一人被活逮，一人逃回北韓，兩人下落不明。

崔圭直所長雖因公殉職，但是多虧他及時警覺，救了朴正熙一命。

令人唏噓的六八四部隊

「一二一青瓦台襲擊事件」發生後，韓國國內引發一場軒然大波，朴正熙總統立即制訂「首都要塞防禦計畫」，強化對青瓦台周邊的防衛，也成立百萬的國民預備軍，在民間加強對北韓共諜的搜索，並在首爾市中心的南山區建造可以容納四十萬人的緊急避難所，以防止北韓對韓國進行大規模的攻擊。然而北韓的間諜部隊竟然能夠潛進到離青瓦台只有咫尺之地，也引發韓國人民對於今後北韓軍隊有可能隨時影響日常生活的集體恐慌。

此外，韓國政府為報復北韓，也仿效北韓的一二四軍部隊，在仁川外海的實尾島招募死囚及愛國志士等各路好漢，成立「六八四部隊」，這些人在經過魔鬼訓練後，將祕密潛伏到北韓，執行刺殺金日成的任務。

但是計畫總是趕不上國際局勢的變化，在一九七〇年代初期，美國與中國兩大強權開始進行破冰外交，美國也希望韓國能夠積極改善與北韓的關係，以緩和朝鮮半島的緊張。在美國主導下，南北韓之間開始以互派密使方式，謀求雙方的政治和解與交流。

就在南北韓進行和解之際，正在實尾島受訓的敢死隊反而失去利用價值，同時成爲朴正熙政府的燙手山芋，韓國政府不但中止相關訓練計畫，也希望這支六八四部隊能夠自行解散。這些原本要赴北韓執行刺殺任務的「愛國志士」，在走投無路、求助無門情況下，竟然將矛頭轉向韓國政府。

他們全副武裝、集體赴青瓦台，要向朴正熙總統討個公道。最後這群部隊在距首爾不遠處的大方洞被韓國軍隊重重包圍，在沒有任何退路的情況下，他們挾持一輛公車，接著引爆炸彈集體自殺身亡。受到韓國政府感召的愛國志士，最後竟淪落至如此悲慘的下場，實在令人不勝唏噓。

另一方面，執行「一二一青瓦台襲擊事件」幸運存活下來的兩名北韓軍人卻因禍得福。例如北韓軍人金新朝在被韓國軍方逮捕後，立刻向韓國政府投誠，並在國際記者會上坦承交代他們此行的主要任務，是由金日成所指使，主要目的是刺殺朴正熙。因爲坦白從寬，金新朝在拘禁幾天後便被釋放，從此定居韓國，日後還受洗成爲基督徒，進入首爾浸禮會學習成爲一位牧師。

而幸運逃回北韓的軍人朴載慶，此次刺殺任務雖然功敗垂成，但是他的英勇事蹟卻被北韓民眾捧爲民族英雄，最高領導人金日成不但親自接見，還讓他官拜北韓朝鮮人民軍總政治局副局長。最諷刺的是，在二〇〇〇年時，朴載慶還曾經陪同北韓特使金容淳搭乘專機到首爾，代表金正日送松茸、高麗參等大禮給當時的韓國總統金大中。韓國的愛國志士死於自己政府槍下，北韓的間諜刺客卻官運亨通，平安度日。

《總統的理髮師》，大時代小人物的無奈

有關過去南北韓關係的恩怨情仇，其實韓劇不乏相關劇情的描述，但在愛情戲分的過度渲染下，反而模糊歷史的焦點，不如韓國電影來得眞實。例如韓國電影《實尾島風雲》，便從人性角度剖析實尾島上「六八四部隊」的悲劇下場。而另一

部韓國電影《總統的理髮師》，也用詼諧方式諷刺朴正熙主政下的威權時代，韓國人民處處防範北韓間諜的場景。

《總統的理髮師》，顧名思義是指當時韓國大統領朴正熙的御用理髮師，當時是南北韓對峙的強人時代，劇中主角成漢甫（宋康昊飾）在青瓦台附近開設一家理髮廳，並在因緣際會下成爲朴正熙的御用理髮師。在強調階級觀念的威權時代，能夠擔任總統的御用理髮師，是多少韓國人欽羨的對象，但成漢甫不得其利，卻反遭其害。

在當時北韓諜影重重的氛圍下，政府特務到處都在抓匪諜，百姓也處處懷疑周遭朋友是否就是匪諜，劇中借用了一九六八年發生的「一二一青瓦台襲擊事件」中北韓間諜入侵青瓦台的史實，但劇中爲諷刺當時的時代背景，便設計北韓間諜不只入侵首爾，還傳來「馬式痢疾」的橋段。

「馬式痢疾」讓韓國政府無限上綱，任何人只要拉肚子便涉嫌通匪，接著免不了被抓去監禁審問一番。在當時的氛圍下，只要有人頻繁上廁所就會被鄰居舉報，這段劇情徹底諷刺當時的統治者對民眾控制無所不用其極。而成漢甫的獨生子成樂安當時只有八歲，卻因吃壞東西拉肚子，也被抓去遭受嚴厲刑求，就算成漢甫以總統的理髮師身分向有關單位求情都沒用。可憐的成樂安在遭受電擊刑求回到家後，竟然半身不遂，這讓成漢甫終於看透威權背後的陰暗。

《總統的理髮師》是一部描寫小人物在大時代當中求生存的黑色喜劇，我們從這部戲當中，可看到在近代政治發展過程，不論是雙邊關係或民主化歷程，韓國與台灣竟是如此相似。只是不同的是，兩岸的對峙關係經過這十幾年的努力早已大幅緩和，人民之間的頻繁往來，爲兩岸關係的穩定奠定厚實基礎。反觀現今南北韓仍處於敵對狀態，人民不但無法自由往來，政府之間還常常相互叫陣，也令韓國人民對於北韓時不時的核武威脅，感到惶惶不可終日。

＊24＊ 兩韓敵對何時休？

從二〇〇〇年以來，因「陽光政策」所營造的兩韓和解的氛圍，似乎因爲這場天安艦事件一夕化爲烏有，從今以後，南北韓的對峙局勢就再也沒有緩和下來。

日前總統馬英九到新加坡參加「馬習會」，這是一九四九年兩岸分治以來，兩岸領導人的首次會面，這項兩岸關係的大突破引起全球媒體關注，外界預測馬英九總統將成爲下屆諾貝爾和平獎的可能得主之一。只是，兩岸領導人的會面，就可能確保兩岸的永久和平與穩定嗎？從南北韓的例證看來，好像事實並非如此。

南北韓雙邊領導人早在二〇〇〇年就已經進行正式會面，當時是由韓國的金大中總統到北韓的平壤訪問，這是自韓戰以來，韓國領導人首次踏上北韓的土地，兩韓領導人互訪比起台海兩岸的時間還提早了十五年，而且韓國總統金大中更因爲這次的破冰之旅，獲得二〇〇〇年的諾貝爾和平獎。但是南北韓的和平效應似乎只有曇花一現，因爲在二〇〇七年李明博上台之後，南北韓雙方又恢復以往對峙局面。

綜觀金大中訪問北韓後的這十五年來，南北韓緊張對峙的關係並沒有因爲領導人的會面而有些許緩和，原因主要在於南北韓官方熱、民間冷的互動模式下，缺乏民間往來互信基礎，這讓領導人的會面似乎只是聊備一格。而南北韓關係也不像兩岸關係，人民之間可以自由往來，兩國必須仰賴國際紅十

2000年金大中到北韓訪問，他也因此得到一座諾貝爾和平獎。

字會定期舉辦兩韓的探親活動，但每次能夠會面的家庭卻不到一百個，這對於因韓戰造成上百萬流離失所的人口相比，似乎只是杯水車薪。

另外，韓國政黨的意識型態，也深深影響南北韓之間的交流。過去韓國在保守派（大國黨）長期執政下，由於受到韓戰過往歷史影響，以及遵循親美路線所致，大國黨對北韓一直採取強硬政策，堅持北韓必須放棄發展核武，南北韓之間才有政治對話的可能性。而韓國雖然在九〇年代就設有統一院，來爲兩韓的統一作準備，但是它的功能卻大多集中在北韓相關情報的蒐集，在這種情況下，也無異讓韓國人民對於統一的意願，只有越來越低落了。

金大中願為太陽，北韓卻毫不領情

但是南北韓關係，卻在一九九七年韓國自由派勝選之後出現和解曙光，把兩韓統一當成歷史使命的金大中，在一九九八年上台之後，便積極推動「陽光政策」，希望以和平方式解決南北韓長久以來的對立局面，金大中「陽光政策」的概念，乃是採自一九七〇年西德總理勃蘭特的「新東方政策」。「陽光政策」這個詞，則來自《伊索寓言》〈北風與太陽〉的故事。

金大中曾經說：「北風和太陽比賽該如何讓路人把外套脫下來，北風採取的方式是更用力地吹，但是路人反而把外套抓得更緊；反觀太陽則用溫暖的陽光照著路人，路人很自然地就把外套脫下。而陽光政策正是本著這種理念，希望用韓國在經濟發展上的優勢，以經濟援助方式和平改變北韓極權政治的本質，進而達成兩韓統一的最終目的。」

在「陽光政策」指導方針之下，金大中主動對北韓釋出善意，表示願意到平壤進行國是訪問，而在與北韓最高領導人金正日會面時，金大中也提出啓動「南北韓合作基金」，以韓國經濟的優勢對北韓進行全面性的經濟援助。其次，金大中也提出「南北韓軍事互信機制」，以搭建領導人熱線方式化解兩韓軍事對立的歧見。最後，金大中更提出南北韓領袖會面制度化的建議，並邀請金正日隔年到首爾訪問。

但是金大中卻苦等不到金正日的回訪，主要原因是金大中的「陽光政策」在國內遭到在野黨強烈反對，批評金大中是在「對北送金」，而美國政府對於金大中的「急統」政策也深表不以爲然，認爲這已經背離美國的朝鮮政策路線，同時當時的北韓把所有精力都放在發展核武之上，它渴望得到韓國的經濟援助，卻不希望南北韓統一。由此可見金大中的「陽光政策」似乎太過於理想化及一廂情願，在這種一頭熱的情況下，自然讓「陽光政策」效果大打折扣。

之後在二〇〇二年，同屬自由派的盧武鉉總統上任之後雖然也延續金大中的「陽光政策」，但是力道似乎已經大不如前。盧武鉉雖然徒步走過三十八度線的非軍事區，

韓國第16任總統盧武鉉

象徵南北韓軍事大和解，而韓國企業也積極投資北韓所開發的「開城工業區」，以協助北韓進行市場經濟的轉軌，但是之後北韓卻於二〇〇六年無預警地進行核子試爆，同時關閉「開城工業區」，驅離韓國籍的主管及員工。這場核試爆不但讓兩韓統一的夢想徹底破滅，也引發韓國民眾對自由派政府所實施「陽光政策」成效的質疑，間接促成自由派在二〇〇七年總統大選的失利。

二〇〇八年保守派的李明博上台後，首要政策便是終止實施多年的「陽光政策」，並停止對北韓所有經濟援助，他認爲韓國政府必須停止單方面、無原則的對北「包容」政策，應該要改以實施一個互惠性的對北政策，來引導北韓朝向眞正的改革開放，而前提是北韓必須完全放棄發展核武，以實現朝鮮半島的無核化目標。

李明博政府對北韓的強硬態度引發金正日高度不滿，並對韓國進行一連串的報復舉動，北韓除了重新關閉三十八度線非軍事區之外，還宣布北韓進入軍事緊急狀態，並於二〇〇九年及二〇一三年各進行一次核子試爆，當時還朝韓國上空試射三枚地對空導彈，這次的核試爆不但引發四點五級的地震，連中國邊境都緊急疏散民眾，韓國股市也因此下跌將近百分之五。

而南北韓的緊張關係卻還不只於此，因爲北韓還在二〇一〇年策畫「天安艦砲擊事件」，這是自韓戰以來南北韓之間爆發最大規模的死傷事件。在該年的三月二十六日晚上，一艘載有一百零四名士兵的韓國護衛艦「天安艦」，在南北韓分界線的白翎島海域突然沉沒，並造成四十六名官兵死亡，事後根據美韓政府的聯合調查，這艘天安艦是遭到北韓潛艇所發射的魚雷擊沉。

隨後韓國總統李明博發表一篇強硬談話，他說：「天安艦確實是遭到北韓潛艦的突襲而沉沒，北韓將爲此付出慘痛代價，而爲了追究北韓的責任，從這一刻起，北韓船隻不得再進入韓國海域航行，而南北韓之間的貿易、交流與合作也將中斷，同時韓國除了將此事件送交聯合國安理會審理之外，日後還會進一步強化美韓的軍事合作關係。」

但北韓政府卻否認是此事件的始作傭者，認爲韓國政府無法找出沉船事件眞正原因，許多保守派人士只好利用媒體宣傳，將責任歸罪於北韓，同時認爲這也是李明博政府爲了即將到來的地方選舉，轉移民眾對其施政不力的注意力以逃避南北韓關係惡化的責任，同時北韓也下令軍方進入緊急狀態爲全面作戰做準備，南北韓的緊張局勢似乎一觸即發。

北方的滲透，成韓劇常見題材

從二〇〇〇年以來，因「陽光政策」所營造的兩韓和解氛圍，似乎因爲這場天安艦事件一夕化爲烏有，從今以後，南北韓的對峙局勢就再也沒有緩和下來。

其實從韓戰以來，北韓對韓國的暗殺與滲透便時有所聞，北韓政府曾經於一九八三年在緬甸仰光製造一起爆炸案，當時韓國總統全斗煥率團訪問緬甸，當韓國政府訪問團到緬甸國父翁山墓前祭拜時，一枚炸彈突然引爆，結果造成韓國副總理及三名部長身亡。

南北韓關係雖然緊張，但是韓劇卻常見以愛情故事來化解兩韓之間的歧見，《間諜明月》便是其中代表。《間諜明月》這部韓劇是韓國KBS電視台在二〇一一年所推出的連續劇，由韓藝瑟、文晸赫、李陣郁及張熙珍主演，劇情敘述一位從北韓來的間諜韓明月，在韓國遇見超人氣明星李強旴，進而展開一段甜蜜而浪漫的戀情，然而卻也在任務與愛情之間左右爲難的故事。

該劇描述在北韓情報局韓流管制班工作的韓明月（韓藝瑟飾），雖然她最想從事的任務是特殊諜報員，但是事情卻並非如明月所意，而爲了要達到成爲諜報員的目的，韓明月便接受一項祕密暗殺任務，並被指派到新加坡執行。當到了新加坡之後，卻遇見了也來新加坡舉辦新歌發表會的韓流明星李強旴（文晸赫飾）。原本要從事暗殺工作的她，卻和李強旴糾纏不清，同時使得情況變得越來越複雜，最終竟然意外搞砸她的作戰任務，之後韓明月爲了要恢復自己的名譽，便潛伏到韓國，找尋結下孽緣的李強旴。

其實在現實生活中，的確有北韓女間諜的海外暗殺事件，只是結局就沒有這麼浪漫了。一九八七年韓國大韓航空編號八五八號班機事件便是一例。

當時這架班機，突然於印度洋安達曼海上空爆炸墜機，造成機上一百一十五名乘客全部罹難，而造成這場爆炸案的主嫌，是二十六歲的北韓女間諜金賢姬，她當時持變造的日本護照，化名「蜂谷眞由美」，將一顆定時炸彈放在這班飛機上，爆炸時間訂爲九個小時之後。金賢姬放置炸彈後，便於中轉地曼谷下機。北韓之所以製造這樁恐怖攻擊事件，據悉是爲了阻止韓國舉辦一九八八年漢城奧運，而北韓也因爲此次攻擊事件，被美國列爲支持恐怖主義國家，而這位北韓女間諜金賢姬，隨後也被韓國政府逮捕並判處死刑，但卻意外地在一年後，被韓國政府特赦。

韓劇的浪漫與現實的殘酷，畢竟還是有些差距，但是相同的是，南北韓之間的間諜戰，似乎時時在上演著，而兩韓間的對立，似乎也從來沒有眞正地緩和過。

Eurasian Publishing Group
圓神出版事業機構
用心與你對話・視野無限寬廣
先覺出版社
Prophet Press

www.booklife.com.tw
reader@mail.eurasian.com.tw

看世界系列 003

上一堂最好玩的韓國學：

政大超人氣教授帶你從韓劇看韓國社會、政治、外交與兩韓關係

作　　者／蔡增家
插　　畫／米洛可
發 行 人／簡志忠
出 版 者／先覺出版股份有限公司
地　　址／台北市南京東路四段50號6樓之1
電　　話／（02）2579-6600・2579-8800・2570-3939
傳　　真／（02）2579-0338・2577-3220・2570-3636
總 編 輯／陳秋月
主　　編／莊淑涵
專案企畫／賴真真
責任編輯／許訓彰
校　　對／許訓彰・莊淑涵・蔡增家
美術編輯／王琪
行銷企畫／吳幸芳・詹怡慧
印務統籌／劉鳳剛・高榮祥
監　　印／高榮祥
排　　版／莊寶鈴
經 銷 商／叩應股份有限公司
郵撥帳號／18707239
法律顧問／圓神出版事業機構法律顧問　蕭雄淋律師
印　　刷／龍岡數位文化股份有限公司
2016年4月　初版
2019年8月　6刷

定價 330 元　　ISBN 978-986-134-273-3

跟隨本書從韓劇來細細體會韓國，
也許各位將會認爲：其實韓國泡菜，並不如想像中的嗆辣。

——蔡增家

國家圖書館出版品預行編目資料

上一堂最好玩的韓國學：政大超人氣教授帶你從韓劇看韓國社會、政治、外交與兩韓關係 / 蔡增家著. -- 初版. -- 臺北市：先覺, 2016.04
256面；14.8×20.8公分 --（看世界系列；3）

ISBN 978-986-134-273-3（平裝）
1.區域研究 2.韓國

732 105002049